Ansicht der Aachener Altstadt
View of Aachen
Nouvelle vue aérienne de la vieille-ville d'Aix-la-Chapelle

AACHEN

Nonplusultra

Titelbild: Blick auf den Granusturm mit Altstadtpanorama
Cover photograph: View of Granus Tower with panorama of the Altstadt
Couverture : Vue sur la tour Granusturm avec panorama de la vieille ville

Das Aachener Rathaus mit dem Karlsbrunnen auf dem Marktplatz

Marktplatz with Aachen town hall and Karlsbrunnen

L'hôtel de ville d'Aix-la-Chapelle avec la fontaine Karlsbrunnen, sur la place du marché

AACHEN

Nonplusultra

Mit Texten von Sabine Mathieu
und Fotos von Andreas Herrmann

With texts by Sabine Mathieu
and photographs by Andreas Herrmann

Avec des textes de Sabine Mathieu
et des photographies de Andreas Herrmann

Verlag Beleke

Herausgeber: Norbert Beleke

Konzeption und Text: Sabine Mathieu
Fotos: Andreas Herrmann
Archiv Aachener Zeitung: S. 85 (Wolfgang Plitzner), S. 102, 107 o. (Ralf Röger), S. 96 (Wilfried Schumacher);
Archiv Verlag Beleke (4); S. 30/31; Michael von Fisenne: S. 106 o.l., u.; Sabine Mathieu: S. 57 o;
RWTH-Pressestelle: S. 65 o. (Peter Winandy)

Übersetzung: St. Clair Consulting
Lektorat und Projektleitung: Thomas Sliepen
Grafische Gestaltung und Gesamtherstellung: Verlagsgruppe Beleke

– Aktualisierte Neuauflage –

Verlagsgruppe: Verlag Beleke, Essen, Aachen, Dortmund, Lübeck, Wiesbaden
NOBEL-Verlag GmbH, Essen – DAS RATHAUS Verlagsges. mbH, Essen
SCHMIDT-RÖMHILD - Deutschlands ältestes Verlags- und Druckhaus seit 1579 -
Lübeck, Berlin, Essen, Wiesbaden
HANSISCHES VERLAGSKONTOR GmbH, Lübeck
SCHMIDT-RÖMHILD Verlagsgesellschaft mbH Leipzig, Rostock, Schwerin
WENDLER-VERLAG, Aachen
ELVIKOM Film-Verlag GmbH, Essen
ntv neue television FILM-TV-PRODUKTION GmbH, Essen
www.beleke.de

ISBN 978-3-8215-0624-1

Inhalt/Contents/Contenu

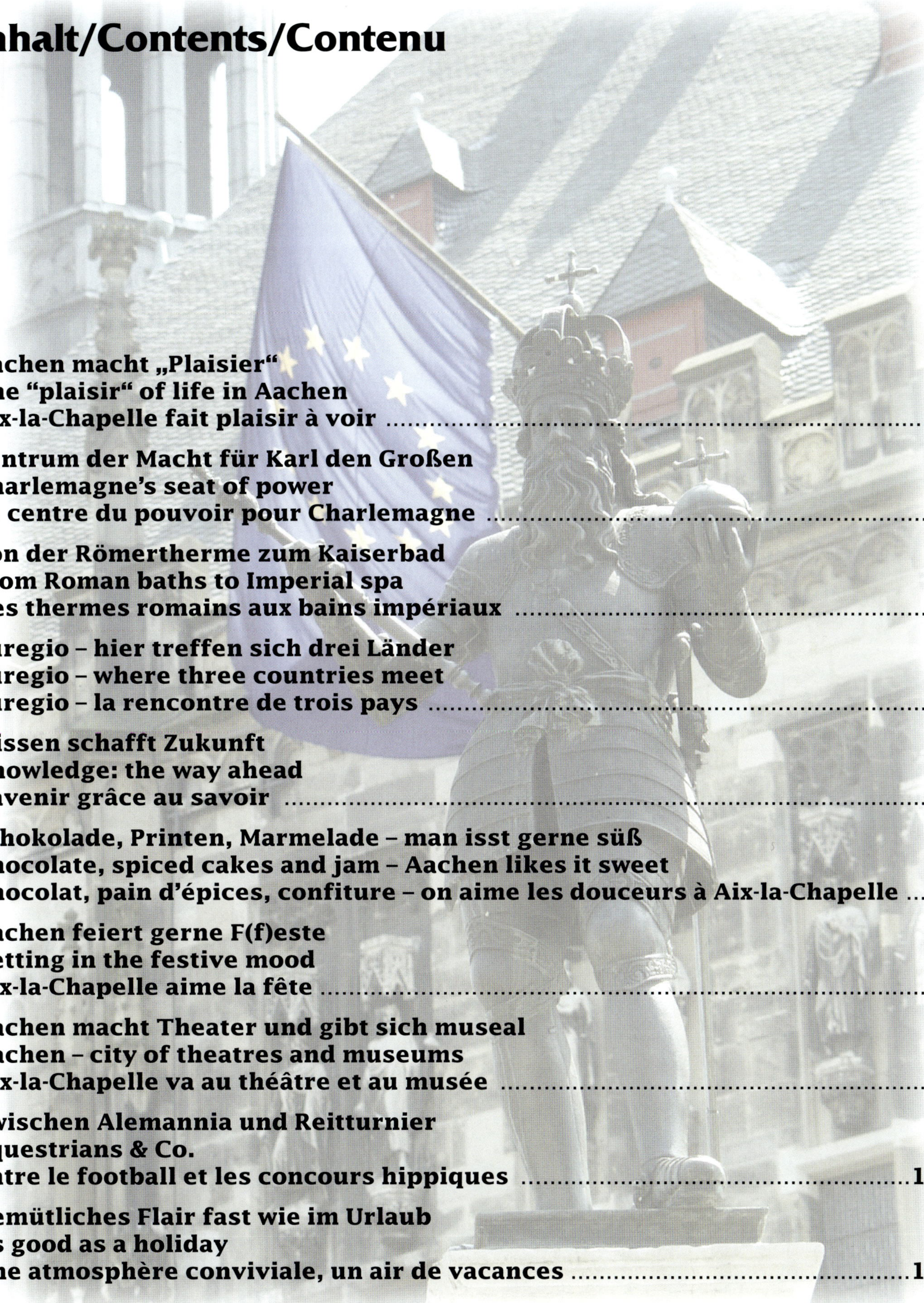

Aachen macht „Plaisier“

Aachen, Bad Aachen, Aquis Granni, Aix la Chapelle, Aken, Aquisgran - diese Stadt hat viele Namen und ebenso viele Facetten. Eins haben die vielen Bezeichnungen für die alte Kaiserstadt, die Kur- und Badestadt, die Industriestadt, die Universitätsstadt und den lebenswerten und liebenswerten Mittelpunkt der Euregio gemeinsam: Sie führen uns alle zum Wasser: Aqua sagten die Römer, Aha wurde daraus in fränkischer Zeit, Aachen sagen wir heute. Die heißen Quellen sind gemeint, die ursprüngliche Lebensgrundlage des römischen Thermalbades, das vielleicht Aquis Granni – an den Wassen des Granus – geheißen haben könnte. Granus, den alten keltischen Heil- und Wassergott, gibt es heute noch in Aachen, denn

The “plaisir” of life in Aachen

Aachen, Bad Aachen, Aquis Granni, Aix la Chapelle, Aken, Aquisgran – this city has various names and just as many facets. One thing links the numerous descriptions of this former imperial residence, spa town, industrial heartland, centre of learning and vibrant hub of the Euregio area,

Aix-la-Chapelle fait plaisir à voir

Aachen, Bad Aachen, Aquis Granni, Aix-la-Chapelle, Aken, Aquisgran – cette ville a autant de noms que de facettes. Ces nombreuses appellations employées pour l'ancienne ville impériale, la station climatique et balnéaire, la cité industrielle, la ville universitaire et le cœur charmant et

Original Brunnenfigur von Karl dem Großen, 1620 in Dinant, Belgien, gegossen.

Original Charlemagne fountain sculpture; cast in 1620 in Dinant, Belgium.

Statue de fontaine originale de Charlemagne, moulée en 1620 à Dinant, en Belgique.

Zeitgenössische Beschreibung Karls des Großen

Zitat aus Vita Karoli Magni, Einhard

„Er war von breitem und kräftigem Körperbau, von hervorragender Größe, die jedoch das richtige Maß nicht überschritt – denn seine Länge betrug, wie man weiß, sieben seiner Füße -, das Oberteil seines Kopfes war rund, seine Augen sehr groß und lebhaft, die Nase ging etwas über das Mittelmaß, er hatte schönes graues Haar und ein freundliches, heiteres Gesicht. So bot seine Gestalt im Stehen wie im Sitzen eine höchst würdige und stattliche Erscheinung, wiewohl sein Nacken feist und zu kurz und sein Bauch etwas hervorzutreten schien; das Ebenmaß der anderen Glieder aber verdeckte dies. Er hatte einen festen Gang, eine durchaus männliche Haltung des Körpers und eine helle Stimme, die jedoch zu der ganzen Gestalt nicht recht passen wollte.“

Contemporary description of Charlemagne

Quotation from Vita Karoli Magni, Einhard

"Charles was large and strong, and of lofty stature, though not disproportionately tall – his height is well known to have been seven times the length of his foot; the upper part of his head was round, his eyes very large and animated, nose a little long, hair fair, and face laughing and merry. Thus his appearance was always stately and dignified, whether he was standing or sitting, although his neck was thick and somewhat short, and his belly rather prominent, but the symmetry of the rest of his body concealed these defects. His gait was firm, his whole carriage manly, and his voice clear, but not so strong as his size led one to expect."

Description donnée de Charlemagne à son époque

Citation extraite de la « Vita Karoli Magni » de Eginhard

« Il était d'une large et robuste carrure, d'une stature élevée qui n'avait toutefois rien d'excessif puisque sa taille équivalait, comme on le sait, à sept fois la longueur de ses pieds. La partie supérieure de sa tête était ronde, ses yeux très grands et vifs, le nez un peu plus important que la moyenne. Il avait de beaux cheveux gris et un visage affable et joyeux. Son physique offrait ainsi, qu'il fût debout ou assis, une apparence de grande prestance et pleine de dignité encore que sa nuque pût sembler grasse et trop courte et son ventre quelque peu proéminent. Mais cela était caché par les proportions harmonieuses des autres membres. Il avait une démarche assurée et une attitude physique tout à fait virile ainsi qu'une voix claire qui semblait toutefois mal adaptée à son apparence générale. »

„Wenn man dem Karlsbiografen Einhard glauben darf, dann hatte Karls des Großen Entscheidung für Aachen weniger strategische oder verkehrstechnische Gründe, sondern war vor allem in Aachens heißen Quellen begründet, die der Herrscher gerne als „Kaiserbad" benutzte. Seit 794/95 wählte Karl dieses Aachen als bevorzugte Winterpfalz, die er dann nach 800 bis zu seinem Tod (28.Januar 814) zur faktischen Residenz ausbaute und gestaltete: zu einer Art Hauptstadt Europas, zum ersten Sitz Franziens, zur „prima sedes franciae (Nithard)."

"If Einhard, the biographer of Charlemagne is to be believed, Emperor Charles did not choose Aachen for strategic or geographic reasons but rather because of its hot springs, which the Emperor made frequent use of and referred to as 'Kaiserbad'. In 794/95, Charlemagne made Aachen his winter residence. From 800 onwards, up to the time of his death on January 28, 841, he extended Aachen to become his actual residence and a form of capital city of Europe, the primary seat of the Franks, a "prima sedes franciae (Nithard)."

« Si l'on en croit Eginhard, le biographe de Charlemagne, la décision de Charlemagne en faveur d'Aix-la-Chapelle aurait tenu moins à des raisons stratégiques ou relevant de considération techniques sur les voies de circulation mais serait surtout fondée dans les sources chaudes d'Aix-la-Chapelle que le souverain aimait à utiliser comme « bains impériaux ». A partir de 794/795, Charlemagne choisit ce lieu d'Aix-la-Chapelle comme son château hivernal préféré qu'il agrandit et aménagea ensuite après 800 jusqu'à sa mort (28 janvier 814) pour en faire sa résidence de fait, c'est-à-dire une sorte de capitale de l'Europe, le premier siège du royaume des Francs, « prima sedes franciae (Nithard). »

Professor Dr. Max Kerner

Max Kerner, Professor für Mittlere und Neuere Geschichte, RWTH Aachen.

Max Kerner, Professor for Medieval and Modern History, RWTH Aachen.

Max Kerner, Professeur d'histoire moyenne et moderne, école supérieure technique RWTH Aix-la-Chapelle.

eine der berühmten Quellen führt seinen Namen.

Neben zahlreichen Fußgängerzonen besticht Aachen durch seine wunderschöne Altstadt und das mediterrane Flair der vielen Straßencafés. Zahlreiche Brunnen und Bronzefiguren holen das Wasser in die Straßen. Sie sind nicht nur Stadtschmuck, sondern machen das Zentrum zu einem Ort voller witziger und fröhlicher Überraschungen.

Geografisch gesehen liegt Aachen mit seiner Gesamtfläche von 161 km² in einem bewaldeten Talkessel am Fuß der Eifel, gleich an der deutsch-niederländischen und deutsch-belgischen Grenze. Fast zwei Drittel der Stadtgrenze sind gleichzeitig Staatsgrenze, und so weiß ein echter

where the borders of Germany, Belgium and the Netherlands meet: they all involve water. The Romans called it Aqua, the Franks Ahha, and today it is known as Aachen. All of these names refer to the site's hot springs, the original source of the Roman thermal baths – which may have been called Aquis Granni, or the waters of Granus, the Celtic god of water and healing.

As well as numerous traffic-free zones, Aachen boasts a stunning old town and inviting street cafés, which lend the city a Mediterranean atmosphere. The abundant fountains and bronze sculptures that adorn the streets are more than mere water features; they transform the town centre into a place full of charming surprises.

convivial de « l'Euregio » ont une chose en commun : elles nous mènent toutes à l'eau. Aqua disaient les Romains, ce terme étant devenu Aha à l'époque des Francs, puis Aachen aujourd'hui. Ces noms se réfèrent aux sources chaudes qui sont à l'origine des bains thermaux romains, qu'on a peut-être appelé Aquis Granni – au bord des eaux de Granus. Et Granus, l'ancien dieu celtique de la santé et de l'eau, existe encore à Aix-la-Chapelle, puisque l'une des célèbres sources porte son nom.

Outre de nombreuses zones piétonnières, Aix-la-Chapelle séduit par sa magnifique vieille ville et par l'atmosphère méditerranéenne de ses multiples terrasses de café. Un grand nombre de fontaines et de figurines de bronze apportent l'eau dans les rues et d'orner la ville ; elles font du centre un lieu plein de surprises amusantes et joyeuses.

D'un point de vue géographique, Aix-la-Chapelle, qui couvre une superficie totale de 161 km², est située dans une cuvette boisée au pied du massif de l'Eifel, juste à la frontière avec la Belgique et les Pays-Bas. Presque deux

Aachener stets aus der eigenen Praxis, was heute ein Europa der offenen Grenzen wert sein kann. Grenzüberschreitend findet hier das Leben statt, kommt in der Praxis das auf den Prüfstand, was in Brüssel an Gesetzen beschlossen wird. Ein typischer Vertreter dieses Dreiländerecks arbeitet in Aachen, besitzt die niederländische Staatsbürgerschaft und wohnt in Belgien.

So ist auch der Aachener Dialekt, das „Öcher Platt", von französischen Lauten durchdrungen, bedankt der Aachener – oder Öcher – sich mit einem „Dubbele Merssi" und wünscht statt viel Vergnügen noch „völl Plaisir en Oche".

Covering a total area of 161 square kilometres, Aachen lies in a forested basin at the foot of the Eifel mountains, next to the borders with Belgium and the Netherlands. Almost two-thirds of the city boundary form national frontiers, so a true "Aachener" has long appreciated being part of a Europe without any borders. As a result, the city is perfectly situated to put the laws passed in Brussels into practice. A typical inhabitant of the area is Dutch, lives in Belgium and works in Aachen.

Some locals speak a dialect with a French intonation known as "Öcher Platt". Typical examples of the dialect are "dubbele merssi", and wishing visitors "völl Plaisir en Oche".

tiers des limites de la ville constituent aussi les frontières du pays ; aussi, un vrai habitant d'Aix-la-Chapelle sait d'expérience l'importance que peut avoir aujourd'hui une Europe aux frontières ouvertes. Ici, la vie s'écoule sans frontières, mettant en pratique les lois adoptées à Bruxelles. Un représentant typique de ce triangle géographique travaille à Aix-la-Chapelle, possède la nationalité hollandaise et réside en Belgique.

Ainsi, le dialecte d'Aix-la-Chapelle, le « Öcher Platt », est imprégné de tonalités françaises : les habitants – les « Öcher » – remercient par un « Dubbele Merci » et souhaitent au visiteur « völl Plaisir en Oche » (beaucoup de plaisir à Aix).

Ein Blumengruß vom Aachener Wochenmarkt vor dem historischen Rathaus.

Floral greetings from Aachen weekly market in front of the historical town hall.

Un bouquet depuis le marché hebdomadaire d'Aix-la-Chapelle, devant l'hôtel de ville historique.

Aachens beliebtester Brunnen, der Puppenbrunnen (Stirnberg 1974), lädt zum Spielen ein.

Aachen's most popular fountain – the Puppenbrunnen (Stirnberg 1974) entertains young and old.

La fontaine la plus populaire d'Aix-la-Chapelle, la Puppenbrunnen (Stirnberg 1974), invite au jeu.

Die Körbergasse, Aachens älteste Geschäftsstraße.

Körbergasse, Aachen's oldest shopping area.

La Körbergasse, la rue commerciale la plus ancienne d'Aix-la-Chapelle.

Mediterranes Flair im Sommer auf dem Marktplatz.

Sun-filled market square with Mediterranean flair.

Atmosphère estivale méditerranéenne sur la place du marché.

Der Katschhof, zwischen Dom und Rathaus bildet er Aachens historische Mitte und ist Mittelpunkt für Märkte, Feste und das SeptemberSpecial.

Katschhof, situated between cathedral and town hall, is Aachen's historical centre – the perfect location for markets, festivities and cultural events.

La place du Katschhof, située entre la cathédrale et l'Hôtel de Ville, forme le cœur historique d'Aix-la-Chapelle : le site idéal pour accueillir des marchés, des festivités et les manifestations du « SeptemberSpecial ».

Die Annastraße, ein Paradies für Antiquitäten- und Kunstliebhaber.

Annastraße, a treasure trove for art lovers and collectors of antiques.

La rue Annastraße, un paradis pour les amateurs d'art et d'antiquités.

In Aachen trifft man sich am Hof.

Where Aacheners meet – am Hof.

A Aix-la-Chapelle, on se donne rendez-vous sur le « Hof ».

Begleitprogramm des SeptemberSpecials: Kleinkunst am Hof.

Accompanying the SeptemberSpecial event: Kleinkunst am Hof.

Programme d'accompagnement du « SeptemberSpecial » : cabaret en plein air « Kleinkunst am Hof ».

Der Holzgraben: Treffpunkt für Einkaufsbummler und Beispiel für moderne Stadtarchitektur.

Holzgraben – meeting point for shoppers and the quintessence of modern town architecture.

Der Fischmarkt ist einer der ältesten Plätze der Stadt.

Fischmarkt is one of the oldest squares in the city.

Le marché aux poissons est l'une des plus anciennes places de la ville.

Le Holzgraben : Point de rencontre des amateurs de shopping et exemple d'architecture urbaine moderne.

Der Biergarten im Kapuzinerkarree.

Beer garden in Kapuzinerkarree.

Terrasse de café dans le Kapuzinerkarree.

Zwischen Römertherme
und Dom:
der Flohmarkt.

The flea market, situated
between the Roman thermal
baths and the cathedral.

Entre les thermes romains
et la cathédrale : le marché
aux puces.

Der Postwagen: Kneipe und Restaurant seit 1902 mit nostalgischem Flair.

Postwagen – nostalgic pub and restaurant, first established in 1902.

Le Postwagen: Bar et restaurant depuis 1902, à l'ambiance nostalgique.

Prächtige Hausfassaden an der Oppenhoffallee.

Splendid façades in Oppenhoffallee.

Façades somptueuses sur la Oppenhoffallee.

Die Oppenhoffallee, beliebte Wohnstraße für Bürger und besonders Studenten.

Oppenhoffallee, a popular residential area, particulary with students.

Oppenhoffallee, résidence populaire, spécialement pour les étudiants.

Die Bismarckstraße, Zentrum des Frankenberger Viertels.

Bismarckstraße, centre of the Frankenberg district.

La Bismarckstraße, centre du quartier de Frankenberg.

Die Burg Frankenberg wurde zwar erst im 13. Jahrhundert erbaut, ist der Legende nach jedoch Kaiser Karls Lieblingsschloss gewesen. Sie wird für Kulturveranstaltungen genutzt.

Burg Frankenberg was built as late as the 13th century. According to legend, however, it was Charlemagne's favourite castle. Today it is used for cultural events.

Le château « Burg Frankenberg » n'a été construit qu'au 13ème siècle, mais la légende en fait cependant le château préféré de l'Empereur Charlemagne. Aujourd'hui, il est utilisé pour des manifestations culturelles.

Winteransicht, von links: Im Hintergrund das Marschiertor (13. Jh.), St. Foillan mit seinem neo-gotischen Turm (19. Jh.) und die karolingische Pfalz mit Rathaus (vorne) und Dom.

A winter view, from the left: In the background, Marschiertor (13th century); St. Foillan with its neo-gothic tower (19th century); Imperial palace with town hall (front) and Cathedral.

Vue hivernale, à partir de la gauche : à l'arrière-plan, la porte Marschiertor (13ème s.), St. Foillan et sa tour néo-gothique (19ème s.) et le Palatinat carolingien avec l'hôtel de ville (devant) et la cathédrale.

Zentrum der Macht für Karl den Großen

Keine historische Persönlichkeit ist mit Aachen so eng verbunden wie Karl der Große. Er kann durchaus als der Gründer der Kaiserstadt Aachen bezeichnet werden. Ihm haben die Aachener ihre Hauptsehenswürdigkeit, den Aachener Dom, zu verdanken. Seinen karolingischen Kern, das Oktogon mit seinem sechzehneckigen Umlauf und der 32 Meter hohen Kuppel, ließ Karl um das Jahr 800 als Marienkirche und sogenannte Pfalzkapelle erbauen. Sie wurde zum zentralen Bauwerk einer außerordentlichen Pfalzanlage, dem Hauptwohnsitz Karls des Großen in seinen letzten Lebensjahren. Rund um diese Pfalz herum entstand die heutige Stadt Aachen. Diese Anlage bildet noch immer den Kern der Stadt.

Deutlich ist Kaiser Karls Pfalz heute noch in ihrer gesamten Größe zu erkennen. Steht man auf dem Katschhof, dem ehemaligen Palasthof, so hat man auf der einen Seite einen grandiosen Blick auf den Aachener Dom, dessen oktogonaler Kern von zahlreichen An- und Aufbauten aus späteren Jahrhunderten umbaut ist. Dieses einzigartige Meisterwerk wird dem Baumeister Odo von Metz zugesprochen. Dies gilt als Hinweis darauf, dass Karl seine Handwerker aus Südfrankreich, vermutlich auch aus Italien kommen ließ, da es in der Gegend rund um Aachen keine Experten für ein solches Bauwerk gab. Das „Himmlische Jerusalem" sollte in Aachen aus Stein erbaut entstehen und damit Symbolkraft für das neue Zentrum des fränkischen Riesenreiches bekommen. Vermutlich um 813 fertiggestellt, ist der karolingische Teil des Domes bis heute unzerstört geblieben. Die neuesten Renovierungsarbeiten haben bewiesen, dass Karls Marienkirche noch zu 80 Prozent im Original erhalten ist. Deshalb wurde der Aachener Dom 1978 als erstes deutsches Einzelbauwerk in die Liste des Weltkulturerbe der UNESCO aufgenommen. Die karolingische

Charlemagne's seat of power

As the city's founder, Charlemagne is linked to Aachen like no other historical figure. Without him, Aachen's prime tourist attraction, its cathedral, would not exist. Its Carolingian core, the octagon with its sixteen-sided outer wall and 32 metre high chapel, was built by the great king around 800 AD as a so called Palatine Chapel, dedicated to St. Mary. It became the main building of a remarkable palace, Charlemagne's main residence in the later years of his life. Aachen as we know it today was built around the cathedral, which remains in the heart of the city.

This towering edifice still cuts an imposing figure today. Katschhof, the former palace courtyard, affords a magnificent view of one side of the cathedral, whose octagonal core was gradually enclosed by various additions and extensions over the

Le centre du pouvoir pour Charlemagne

Charlemagne est la personnalité historique la plus étroitement liée à Aix-la-Chapelle. On peut tout à fait le désigner comme le fondateur de la ville impériale d'Aix-la-Chapelle. On lui doit le principal monument de la ville : la cathédrale. Charlemagne a fait ériger vers l'an 800 en tant que Chapelle de la Vierge Marie, dite Chapelle Palatine, son centre carolingien, un octogone entouré d'un déambulatoire à seize pans et doté d'une coupole de 32 mètres de hauteur. Elle devint l'édifice central d'un ensemble palatial extraordinaire : la résidence principale de Charlemagne pendant les dernières années de sa vie. L'actuelle ville d'Aix-la-Chapelle s'est construite autour de ce domaine, qui constitue toujours le cœur de la ville.

Le Palatinat de Charlemagne est toujours visible aujourd'hui dans toute

Kuppel wird heute von einer gefälteten Haube aus der Barockzeit gekrönt, die die Aachener etwas spöttisch die „Zitronenpresse“ nennen.

Der Dom hat im Laufe der Jahrhunderte viele Funktionen bekommen: Er ist die Grabeskirche Karls des Großen geworden, der am 28. Januar 814 in Aachen starb und am selben Tag dort beigesetzt wurde. Außerdem hatte Karl seine Kirche mit besonderen Reliquien ausgestattet. Es sind Tuche, die Leben und Sterben Jesu Christi symbolisieren. Sie werden als Windeln und als Lendentuch Christi bezeichnet, als das Kleid Mariens, der Schutzpatronin des Domes, und als Enthauptungstuch Johannes des Täufers. Seit 1349 werden diese Reliquien im Rhythmus von sieben Jahren öffentlich gezeigt. So wurde der Dom zum Mittelpunkt der Aachener Heiligtumsfahrten. Der Aufbewahrungsort der Reliquien, der Marienschrein, wurde 1239 fertig gestellt und gilt ebenso wie der Karlsschrein von 1215 als Meisterwerk der gotischen Goldschmiedekunst. Im Karlsschrein hat der 1165 heilig

ensuing centuries. This tour de force has been ascribed to the architect Odo von Metz, indicating that Charlemagne employed craftsmen from southern France, and probably from Italy as well, since no specialists existed in the Aachen region at the time for a construction project of that scale. The cathedral in Aachen was a “new Jerusalem” built out of stone, thus symbolising the might of the vast Frankish kingdom in its new capital. Constructed around 813 AD, the Carolingian part of the cathedral remains intact; recent renovation work has shown that 80 per cent of Charlemagne’s chapel dedicated to St. Mary survives in its original form. Hence the appearance of Aachen Cathedral on UNESCO’s list of world heritage sites in 1978, the first German building to be included. The Carolingian dome is now crowned with a baroque cupola, which is affectionately known by locals as the “lemon squeezer”.

Over the years, the cathedral has performed many functions. It is the burial place of Charlemagne, who died on 28 January 814 in Aachen and was interred in the cathedral on the same day. Charlemagne had acquired relics of great religious significance for the church, items of clothing associated with the life and death of Jesus Christ. These are the Messiah’s swaddling clothes and loincloth, the gown of the Virgin Mary (to whom the cathedral is dedicated), and the cloth in which John the Baptist’s head was wrapped after his execution. Since 1349, these relics have been on display to the public at seven-yearly intervals, turning the cathedral into a favourite place of pilgrimage. The relics are preserved in the gilded Shrine of Our Lady, which was erected in 1239. Along with the Shrine of Charlemagne constructed in

Der Aachener Dom mit St. Foillan (re).

Aachen Cathedral and St. Foillan (right).

La cathédrale d’Aix-la-Chapelle avec St. Foillan (dr.).

sa grandeur. Si l’on se tient sur le Katschhof, l’ancienne cour du palais, on a d’un côté une vue grandiose sur la cathédrale, dont le cœur octogonal a subi des transformations par de nombreux agrandissements et annexes lors des siècles suivants. Ce chef d’œuvre unique est attribué au bâtisseur Odo von Metz. Cela indique que Charlemagne faisait venir ses artisans du Sud de la France, mais probablement aussi d’Italie, car il n’y avait pas d’experts dans la région d’Aix-la-Chapelle pour une telle construction. Ce « Jérusalem céleste » devait être bâti à Aix-la-Chapelle pour devenir le symbole du nouveau centre du gigantesque Empire Franc. Vraisemblablement achevée vers l’an 813, la partie carolingienne de la cathédrale est restée intacte jusqu’à nos jours. Les travaux de restauration les plus récents ont apporté la preuve de ce que la Chapelle de la Vierge Marie de Charlemagne se trouve encore à 80 % dans son état d’origine. C’est pourquoi la cathédrale d’Aix-la-Chapelle a été le premier édifice allemand à être inscrit sur la liste du patrimoine culturel mondial de l’UNESCO, en 1978. Le dôme carolingien est surmonté aujourd’hui d’une coupole plissée issue de la période baroque, dont les habitants d’Aix-la-Chapelle se moquent quelque peu en la surnommant le « presse-citron ».

Au fil des siècles, la cathédrale a assumé de nombreuses fonctions : Charlemagne y fut inhumé le jour même de sa mort, le 28 janvier 814 à Aix-la-Chapelle. Charlemagne avait en outre doté son église de reliques particulières, des étoffes qui symbolisent la vie et la mort de Jésus Christ : les couches et la toile lombaire du Christ, la robe de Marie, patronne de la cathédrale, et le drap de la décapitation de Saint Jean-Baptiste. Depuis 1349, ces reliques sont présentées au public tous les sept ans. Ainsi, la cathédrale est devenue le centre des pèlerinages vers le sanctuaire d’Aix-la-Chapelle. Le lieu de conservation des reliques, le « reliquaire de Marie », a été achevé en 1239 ; il est considéré comme un chef d’œuvre de l’orfèvrerie gothique,

„Aachen in Geschichte und Gegenwart ist immer neu ein faszinierendes Erlebnis. Der Mariendom Kaiser Karls des Großen hält als Krönungs- und Wallfahrtskirche die große europäische und christliche Geschichte und Kultur wach und vergegenwärtigt in Liturgie, Musik und Kunst den christlichen Glauben der noch ungeteilten Christenheit. Durch die Verleihung des Internationalen Karlspreises zu Aachen, durch den Großen Preis von Aachen im Reitsport und durch den Orden wider den tierischen Ernst im Karneval gewinnt Aachen immer wieder öffentliches Ansehen. Die Rheinisch-Westfälische Technische Hochschule gehört zu den großen und berühmten Universitäten unseres Landes. Die drei bischöflichen Werke missio, MISEREOR und Missionswerk der Kinder tragen den Namen Aachen in alle Welt. An warmen Sommerabenden nimmt die Stadt ein fast südländisches Flair an, das bezaubert und gefangen nimmt."

"Both historically and as a modern city, Aachen continues to fascinate. As a former coronation church and place of pilgrimage, Charlemagne's cathedral is a powerful monument to European and Christian history and culture, its liturgy, music and art recalling an era when Christendom was still a unified whole. Thanks to the Charlemagne Prize, the Aachen Grand Prix in equestrian sport and the Medal for Combating Deadly Seriousness awarded during the carnival, Aachen is increasingly in the public eye. The Aachen University of Technology is one of Germany's biggest and most respected universities. The three Catholic aid agencies Missio, Misereor and Missionswerk der Kinder are all based in Aachen. On a warm summer evening, the city takes on an almost Mediterranean aspect, and holds you in its thrall."

« A Aix-la-Chapelle, le passé historique comme le présent sont fascinants. En tant qu'église de couronnement et de pèlerinage, la cathédrale de l'empereur Charlemagne témoigne de la grande histoire et de la grande culture européenne et chrétienne ; par la liturgie, la musique et l'art, elle rappelle la foi chrétienne de la chrétienté avant sa division. Grâce à la remise du Prix Charlemagne international de la ville d'Aix-la-Chapelle, au Grand Prix équestre d'Aix-la-Chapelle et à l'ordre contre le sérieux abominable décerné lors du carnaval, Aix-la-Chapelle jouit d'une grande renommée publique. L'école technique supérieure de Rhénanie-Westphalie compte parmi les plus grandes et les plus célèbres universités de notre pays. Les trois œuvres épiscopales de la ville (missio, MISEREOR et Missionswerk der Kinder) véhiculent le nom d'Aix-la-Chapelle dans le monde entier. Lors des chaudes soirées estivales, la ville acquiert une ambiance presque méridionale qui séduit et captive. »

Dr. Heinrich Mussinghoff

Dr. Heinrich Mussinghoff, Bischof von Aachen.

Dr. Heinrich Mussinghoff, Bishop of Aachen.

Dr Heinrich Mussinghoff, évêque d'Aix-la-Chapelle.

gesprochene Karl inzwischen seine letzte Ruhe gefunden.

Grabeskirche und Pilgerort, der Aachener Dom hatte jedoch in der Zeit zwischen 936 und 1531 eine weitere außerordentliche Funktion: Hier war die Krönungskirche der deutschen Könige. Dreißig Könige wurden in dieser Zeit in Aachen gekrönt, denn nur, wer auf dem legendären Thron Karls des Großen auf der ersten Etage des Oktogons gesessen hatte, war der rechtmäßige König, und nur der durfte

1215, it is a masterpiece of Gothic goldsmithery. The latter shrine is the last resting place of Charlemagne, who was canonised in 1165.

Place of burial and pilgrimage, Aachen Cathedral also performed a prestigious duty between 936 and 1531, when thirty German kings were crowned within its walls. Only he who occupied Charlemagne's legendary throne in the choir of the octagon was the rightful king, and only he could be crowned emperor in Rome. Charlemagne's

tout comme le reliquaire de Charles, datant de 1215, où Charlemagne, canonisé en 1165, a trouvé le repos éternel.

Tombeau de Charlemagne et lieu de pèlerinage, la cathédrale d'Aix-la-Chapelle eut encore une autre fonction extraordinaire entre 936 et 1531 : c'est l'église où furent couronnés trente rois germaniques, car pour être un roi légitime et être couronné empereur à Rome, il fallait s'être assis sur le trône légendaire de Charlemagne, au premier étage de l'octogone. Les rois germaniques suivirent donc l'exemple de Charlemagne, couronné empereur à Rome par le pape Léon III en l'an 800. La cathédrale d'Aix-la-Chapelle possède aujourd'hui l'un des trésors les plus importants et les plus intéressants d'Allemagne. Beaucoup de ces trésors artistiques sont des donations royales. Et aucun roi n'aurait voulu se montrer mesquin !

De l'autre côté du Katschhof – l'ancienne cour du palais – se dresse un autre édifice imposant : l'hôtel de ville d'Aix-la-Chapelle. Ce bâtiment est en fonction depuis l'époque de Charlemagne, il faut donc l'observer de près pour deviner derrière la bâtisse

sich in Rom zum Kaiser krönen lassen. Damit folgten die deutschen Könige Karl dem Großen, der im Jahre 800 in Rom von Papst Leo III. zum Kaiser gekrönt worden war. Die Krönungsstadt Aachen verfügt heute über eine der sehenswertesten und wichtigsten Domschatzkammern in Deutschland. Viele dieser Kunstschätze sind königliche Schenkungen. Welcher König wollte sich schon lumpen lassen?

Auf der anderen Seite des Katschhofes (ehemaliger Palasthof) steht ein weiteres mächtiges Bauwerk: das Aachener Rathaus. Dieses Gebäude ist seit der Zeit Karls des Großen in Funktion, und so muss man schon genau hinschauen, um die ehemalige Palastaula, die Aula Regia, hinter dem heutigen Gebäude zu erahnen. Nach einer gründlichen Renovierung hat man im 14. Jahrhundert aus dem karolingischen Palast ein gotisches Rathaus gemacht, das allerdings heute noch seinen mittelalterlichen Festsaal hat. Die gesamte erste Etage nimmt der sogenannte Krönungssaal ein, der eigens für die Krönungsbankette erbaut wurde. Mit einem solchen Bankett, es dauerte Stunden und hatte bis zu 50 Gänge, wurde das Rathaus dann auch 1349 eröffnet. Es war das Krönungsmahl für Karl IV. Im Parterre befinden sich schöne, barock ausgestattete Säle. Einer davon ist der Ratssaal, in dem sich mindestens einmal pro Monat der Stadtrat trifft. Außerdem hat hier der Aachener Oberbürgermeister seine Büros. Der Krönungssaal auf der ersten Etage wird für Konzerte, Ausstellungen, Bankette und – einmal im Jahr – zur Verleihung des Internationalen Karlspreises der Stadt Aachen genutzt. Seit 2009 ist das Rathaus, bis auf das Büro des Oberbürgermeisters, für Besucher geöffnet. Im Parterre befindet sich eine Ausstellung zum Thema Krieg und Frieden. Außerdem hat hier die Geschichte des Karlspreises einen würdigen Platz. Mit Hilfe eines eigens entwickelten Audio-Guides kann der Besucher sich einen authentischen Eindruck von einem Krönungsfestmahl machen.

Ebenfalls aus karolingischer Zeit stammt Aachens malerischer Ortsteil

coronation as emperor by Pope Leo III in Rome in 800 set a precedent for the German kings who succeeded him. Thanks to its role as a coronation city, Aachen today boasts the most important and imposing cathedral treasury in Germany. Many of its art treasures are royal gifts. What king wouldn't want to live in such luxury?

On the other side of Katschhof (the former palace courtyard), stands another mighty structure: the Rathaus, or town hall. This building has been in use since Charlemagne's time, so it is well worth a visit, if only to picture what the royal hall, behind the existing structure, must have looked like. In the 14th century, a Gothic town hall replaced the old Carolingian palace, retaining the medieval banqueting hall. The coronation hall occupies the entire first floor, and was created solely for coronation banquets. It was with such a feast, which lasted for many hours and included up to 50 courses, that the town hall officially opened in 1349. The occasion was the coronation banquet for Charles IV. Many visitors to Aachen are disappointed to find they may not be allowed to enter the town hall on certain days. The building is not a museum; it is only open to the public when no event is being held. On the ground floor are some beautiful rooms decorated in the baroque style, including the council room, where the council meets once a month. The Mayor of Aachen also has his offices here. The coronation hall on the first floor is used for concerts, exhibitions, banquets and – once a year – for the award ceremony of the Charlemagne Prize. With the exception of the Mayors office, the Town Hall has been open to the public since 2009. An exhibition on the theme of war and peace is shown on the ground floor. The history of the "Karlspreis" has also found a worthy place in the town hall. With the help of specially designed audio guides, visitors are able to gain an authentic impression of a coronation banquet.

Kornelimünster, a charming district on the outskirts of Aachen, can also

actuelle l'ancienne salle du palais, la Aula Regia. Au 14ème siècle, après une restauration minutieuse, on a transformé le palais carolingien en hôtel de ville gothique, qui possède toutefois encore aujourd'hui sa salle des fêtes médiévale. Tous le 1er étage est occupé par la « salle du couronnement », construite autrefois pour célébrer les banquets de couronnement. L'hôtel de ville a été inauguré en 1349 par un banquet de ce genre, qui durait des heures et pouvait comporter jusqu'à 50 plats. Il s'agissait du festin de couronnement pour Charles IV. Beaucoup de visiteurs d'Aix-la-Chapelle se montrent déçus de ne pas pouvoir pénétrer dans l'hôtel de ville. Ce n'est pas un musée, on ne peut le visiter qu'en l'absence de toute manifestation. Au rez-de-chaussée, on trouve de magnifiques salles à la décoration baroque, dont la Ratssaal où se réunit le conseil municipal au moins une fois par mois. Le maire d'Aix-la-Chapelle y a également ses bureaux. La salle du couronnement, au 1er étage, est utilisée pour des concerts, des expositions, des banquets et, une fois par an, pour la remise du Prix Charlemagne international de la ville d'Aix-la-Chapelle. Depuis 2009, l'Hôtel de Ville est – à l'exception du bureau du

Die Reichskrone, Aachener Kopie von Beumers und Witte (1915).

The imperial crown, Aachen copy by Beumers and Witte (1915).

La couronne impériale, copie de Beumers et Witte (1915).

Kornelimünster. Der Ort ist erst seit der kommunalen Neugliederung 1972 ein Aachener Stadtteil. Mit seinen vielen Fachwerk- und Bruchsteinhäusern schmiegt er sich seit Jahrhunderten in das Tal der Inde. Die Geschichte Kornelimünsters reicht bis zur Römerzeit zurück. Davon zeugt heute noch eine gallo-römische Kultstätte.

Echte Bedeutung bekam Kornelimünster durch Kaiser Karls Sohn Ludwig den Frommen, der hier ein Kloster bauen ließ, dessen Bedeutung weit über die Region hinaus ging. Abt Benedikt von Aniane reformierte das Klosterleben und stieg zum Vorgesetzten aller Klöster des Frankenreiches auf. Bis heute gibt es dort Benediktinermönche. Dank großzügiger Reliquienspenden Ludwigs bekam Kornelimünster eine wichtige Funktion als Pilgerort.

Seit 875 die Reliquien des heiligen Kornelius hinzukamen, wurde der Ort, dessen Namen damals Inda war, schließlich Kornelimünster genannt.

Heute noch zeugt die Abteikirche, die zu einer fünfschiffigen Basilika ausgebaut wurde, vom ehemaligen Reichtum dieses Ortes. In der ehemaligen Reichsabtei der Fürstäbte, einem Barockschloss aus dem 18. Jahrhundert, ist die Dauerausstellung „Kunst aus Nordrhein-Westfalen – Förderankäufe seit 1945“ untergebracht.

trace its origins back to the Carolingian period. It was absorbed by Aachen as a result of the municipal reorganisation in 1972. With its many half-timbered and rough-stone houses, it nestles in the Inde valley. Kornelimünster's history dates back to Roman times, as evidenced by its Gallo-Roman place of worship.

The town really arrived on the map when Louis the Pious, son of Charlemagne, chose it as the location of a new abbey, whose influence stretched far beyond the region. Saint Benedict of Aniane reformed life in the abbey and rose to become the leading monk in the Frankish kingdom. Benedictine monks are still there today. Thanks to the generous donation of relics by Louis, Kornelimünster became an important place of pilgrimage.

Kornelimünster was originally known as Inda; it was only after the abbey was given the relics of St. Cornelius in 875 AD that the town received the name by which it is known today.

The abbey church, which was extended to create a five-nave basilica, is a reminder of this area's former glory. The former imperial abbey of the prince abbots, an 18th century baroque castle, houses a permanent exhibition entitled "Art from North Rhine-Westphalia – Special Acquisitions Since 1945".

Premier Maire – ouvert aux visiteurs. Au rez-de-chaussée se trouve une exposition consacrée au thème de la guerre et de la paix. L'histoire du Prix Charlemagne y trouve en outre une place digne de celui-ci. Un audio-guide spécialement conçu à cet effet permet au visiteur de se faire une impression authentique d'un festin à l'occasion des fêtes du couronnement.

Le quartier pittoresque de Kornelimünster date également de l'époque carolingienne. Il ne fait partie de la ville d'Aix-la-Chapelle que depuis la restructuration communale de 1972. Avec ses nombreuses maisons à colombages et en moellons, il se blottit depuis des siècles dans la vallée de l'Inde. L'histoire de Kornelimünster remonte à l'époque des Romains. Un lieu de culte gallo-romain en témoigne encore aujourd'hui.

Kornelimünster a véritablement pris de l'importance grâce à Louis le Pieux, fils de l'empereur Charlemagne, qui y fit construire un monastère dont l'influence dépassait largement les limites de la région. L'abbé Benoît d'Aniane réforma la vie monastique et devint le supérieur de tous les monastères de l'empire franc. On trouve encore aujourd'hui des bénédictins à Kornelimünster. Grâce aux reliques données généreusement par Louis, c'est devenu un lieu de pèlerinage important. A l'arrivée des reliques de Saint Cornelius en 875, le village d'Inda a été rebaptisé Kornelimünster.

Aujourd'hui encore, l'abbaye, qui a été agrandie en basilique à cinq nefs, atteste de la richesse passée de ce quartier. L'exposition permanente « L'art de Rhénanie du Nord-Westphalie – acquisitions de mécénat depuis 1945 » est hébergée dans l'ancienne abbaye impériale des abbés princiers, un château baroque du 18ème siècle.

Das Deckengewölbe mit Strahlenkranzmadonna (1524) im Chor des Aachener Domes.

Vaulted ceiling with the Virgin Mary in a corona of rays (1524), chancel of Aachen Cathedral.

La voûte avec madone à couronne rayonnante (1524) dans le chœur de la cathédrale d'Aix-la-Chapelle.

Das karolingische Oktogon (800) mit seinen stauferschen Giebeln (13. Jh.) und der gefälteten barocken Haube (17. Jh).

The Carolingian octagon (800) with Staufen gables (13th century) and fluted Baroque dome (17th century).

L'octogone carolingien (800) avec ses frontons des Staufers (13ème s.) et sa coupole plissée baroque (17ème s.).

Der Karlsschrein enthält seit 1215 die Gebeine Karls des Großen.

The shrine of Charlemagne (1215) contains the remains of Charles the Great.

Le reliquaire de Charles contient les ossements de Charlemagne depuis 1215.

Der Barbarossaleuchter (1169) in der Mitte des Oktogons ist eine Stiftung von Friedrich I. und seiner Frau Beatrix.

The Barbarossa chandelier (1169) in the centre of the octagon was given by Frederick I and his wife Beatrix.

Le candélabre de Barberousse (1169), au milieu de l'octogone, est une donation de Frédéric 1er et de son épouse Béatrice.

Der Ambo, eine Stiftung Heinrichs II. (1002-1014), enthält orientalische Gebrauchsgegenstände und Schachfiguren.

The ambo pulpit was given by Henry II (1002-1014) and contains Oriental cups, vessels and chess figures.

L'Ambo, une donation d'Henri II (1002-1014), contient des objets usuels orientaux et des pièces de jeu d'échecs.

Eine seltene Zusammenstellung: Die Büste Karls des Großen (1349) aus der Domschatzkammer auf dem Altar mit seiner prächtigen Pala d'Oro (1000-1020), vor dem Marienschrein (1239), anlässlich der Karlspreisverleihung 2002.

A unique combination: the bust of Charlemagne (1349) from the Cathedral Treasury on the main altar with its magnificent Pala d'Oro (1000-1020), in front of the shrine dedicated to the Virgin Mary (1239), on the occasion of the Charlemagne Award ceremony in 2002.

Une association rare : le buste de Charlemagne (1349) issu du trésor de la cathédrale sur l'autel avec la superbe Pala d'Oro (1000-1020), devant le reliquaire de Marie (1239), à l'occasion de la remise du Prix Charlemagne 2002.

Kaiser Karls legendärer Marmorthron (um 800) auf der Empore des Domes. Er wurde während der Krönungs-zeremonien von 30 Königen genutzt.

Charlemagne's legendary marble throne (around 800) on the Cathedral gallery. It was used by 30 kings during coronation ceremonies.

Le trône de marbre légendaire de l'Empereur Charlemagne (vers 800) sur la galerie de la cathédrale. Il fut utilisé pendant les cérémonies du couronnement de 30 rois.

Der Aachener Marktplatz mit dem Kaufhaus Tietz (links) Anfang der 30er Jahre.

Aachen market square and department store Tietz (left) at the beginning of the 1930s.

La place du marché d'Aix-la-Chapelle avec le grand magasin Tietz (à gauche), au début des années 30.

Wochenmarkt am Katschhof um 1910.

Weekly market at Katschhof around 1910.

Marché hebdomadaire sur le Katschhof, vers 1910.

Das Vorzimmer zum Oberbürgermeisterzimmer um 1910, heute der Friedenssaal im Aachener Rathaus.

The reception of the mayor's office around 1910, now Friedenssaal of Aachen town hall.

L'antichambre du bureau du maire vers 1910, aujourd'hui Salle de la Paix à l'hôtel de ville d'Aix-la-Chapelle.

18.10.1911, die Aachener erwarten Kaiser Wilhelm II zum Empfang im Rathaus.

October 18, 1911 – the people of Aachen waiting for Emperor Wilhelm II during a reception at the town hall.

18.10.1911, les habitants attendent d'accueillir l'Empereur Guillaume II à l'hôtel de ville.

Die Karlspreismedaille für Papst Johannes Paul II ist ein Unikat.

The Charlemagne Award medal conferred on Pope John Paul II is unique.

La médaille du Prix Charlemagne remise au pape Jean-Paul II est une pièce unique.

Die Karlspreisverleihung an den Gründer der Gemeinschaft Sant'Egidio Dr. Andrea Riccardi am Himmelfahrtstag 2009. Laudator ist Pat Cox, Karlspreisträger 2004.

Presentation of the Charlemagne Prize to the founder of the Community of Sant'Egidio, Dr. Andrea Riccardi, on Ascension Day 2009. The award was presented by Pat Cox, prize-winner in 2004.

Karlsfest am 28. Januar mit der Karnevalsgesellschaft KG Moulenshöher Jonge in historischen Kostümen.

Charlemagne festival on January 28 with the Carnival Association KG Moulenshöher Jonge in historical costumes.

Fête de Charlemagne le 28 janvier, avec l'association carnavalesque KG Moulenshöher Jonge, en costumes historiques.

La cérémonie au cours de laquelle le Prix Charlemagne fut décerné au Dr. Andrea Riccardi, fondateur de la communauté Sant' Egidio le jour de l'Ascension en 2009. Le discours d'éloge fut prononcé par Pat Cox, lauréat du Prix Charlemagne en 2004.

Das labyrinthische Treppenhaus im Granusturm, um 788 erbaut.

The staircase in Granus Tower, built like a labyrinth around 788.

La cage d'escalier labyrinthique de la tour Granusturm, construite vers 788.

Der größte und schönste Festsaal des Mittelalters: der Krönungssaal im Aachener Rathaus.

The largest and most impressive hall of the Middle Ages – the coronation hall in Aachen's Rathaus.

La plus grande et plus belle salle des fêtes du moyen-âge : la Salle du Couronnement, à l'hôtel de ville d'Aix-la-Chapelle.

Die neue Reichsabtei von 1728 beherbergt heute ein Museum für moderne Kunst.

The new imperial abbey dating back to 1728 is home to a museum for modern art.

La nouvelle abbaye impériale de 1728 abrite aujourd'hui un musée d'art moderne.

Die alte Reichsabtei in Kornelimünster, das Haupthaus ist im 15. Jahrhundert aus Bruchstein erbaut.

The old imperial abbey Kornelimünster – the main building is built of quarry-stones and dates back to the 15th century.

L'ancienne abbaye impériale à Kornelimünster, dont le bâtiment principal a été érigé en moellons au 15ème siècle.

Historischer Jahrmarkt im alten Zentrum von Kornelimünster.

Historical fair in the old centre of Kornelimünster.

Marché historique annuel dans l'ancien centre-ville de Kornelimünster.

Die Probsteikirche St. Kornelius, die ehemalige Abteikirche, heute eine fünfschiffige Basilika mit der Korneliuskapelle.

St. Kornelius Priory Church, former abbey church, today a basilica with five naves and Kornelius Chapel.

L'église du prieuré Saint Cornelius, ancienne église abbatiale, aujourd'hui une basilique à cinq nefs avec la chapelle Saint Cornelius.

Der Korneliusmarkt mit seinen typischen Altstadthäusern und hohen Eingängen, die vor Überschwemmungen schützen sollten.

Korneliusmarkt with its typical Altstadt buildings and high entrances, which were designed to protect against flooding.

Le marché Saint Cornelius avec des maisons typiques de la vieille-ville et leurs hautes entrées qui devaient protéger des inondations.

Durch Kornelimünster fließt die Inde, die dem Ort den Namen Inda (wilder Fluss) gab.

The river Inde winds its way through Kornelimünster. The district's original name "Inda" was derived from Inde, which means "wild river".

Kornelimünster est traversée par la fleuve Inde, à qui le village dut son nom d'origine Inda (fleuve sauvage).

Von der Römertherme zum Kaiserbad

Aachen ist die Stadt des Wassers, auch wenn es hier keinen repräsentativen Fluss gibt. In Aachen sprudeln die heißesten Quellen Westeuropas. Sie sind zwischen etwa 38 und 74 Grad heiß und enthalten bis zu 19 verschiedene Mineralien und Spurenelemente. Diese Quellen, zwischen 1.500 und 4.000 Meter tief, gibt es seit etwa 10- bis 15.000 Jahren im Aachener Tal und verwandelten es vor der Besiedelung in ein Sumpfgebiet. Damals existierte eine reiche Anzahl von Kaltwasserbächen, die ebenfalls das Aachener Tal kreuzten. Sie sind heute leider fast vollständig im Kanalsystem der Stadt verschwunden.

Die Römer entdeckten diesen unbewohnten Flecken Erde etwa um die Zeit von Christi Geburt. In den folgenden Jahrhunderten bauten sie drei Thermalbäder, von denen das größte fast 2.500 Quadratmeter umfasste. Diese Therme wird heute die Büchelтherme genannt. Eine römische Siedlung entstand im heutigen Altstadtbereich. Möglicherweise diente ein Platz zwischen den Thermen als

From Roman baths to Imperial spa

Aachen is a city of water, although it is not situated on a river or lake. However, it has the hottest springs in western Europe. Temperatures range from 38°C to 74°C, and the water contains up to 19 different minerals and trace elements. Between 1,500 and 4,000 metres deep, the springs have been meandering through Aachen valley for 10,000 to 15,000 years, thus turning it into a swamp. Before the valley was cultivated, many cold-water streams also wound their way through the countryside. Unfortunately, the majority of these streams have been integrated into the city's sewer system.

The Romans discovered the uninhabited area around the time of the birth of Christ. During the centuries to follow, they built three thermal baths; the largest covered almost 2,500 square metres. Today it is referred to as the "Büchelтherme". A Roman settlement was established in the area of the present Altstadt. The site located between the thermal baths was probably used as a forum. Remnants of the second thermal bath can still be found on the site of Aachen Cathedral.

Des thermes romains aux bains impériaux

Aix-la-Chapelle est la ville de l'eau, même si aucun fleuve important ne la traverse. Aix-la-Chapelle est la ville qui possède les sources les plus chaudes d'Europe occidentale. D'une température comprise entre environ 38 et 74 degrés, elles contiennent jusqu'à 19 minéraux et oligo-éléments. Ces sources, d'une profondeur de 1500 à 4000 mètres, jaillissent depuis 10 à 15.000 ans dans la vallée d'Aix-la-Chapelle et l'ont transformée en une zone de marais avant son peuplement. A cette époque, un grand nombre de ruisseaux d'eau fraîche traversaient également la vallée. Aujourd'hui, ils ont malheureusement presque entièrement disparu dans le système de canalisations de la ville.

Les Romains ont découvert ce coin de terre inhabité environ à l'époque de la naissance du Christ. Au cours des siècles suivants, ils y construisirent trois établissements thermaux dont le plus grand occupait une surface de près de 2.500 mètres carrés. Cet établissement est aujourd'hui désigné sous le nom de « Büchelтherme ». Une colonie romaine s'installa sur le territoire qu'occupe aujourd'hui la vieille ville. Il est possible qu'une place située entre les thermes ait alors servi de forum. Les vestiges du second établissement thermal se trouvent aujourd'hui encore sous la cathédrale d'Aix-la-Chapelle. Les rhumatismes, la goutte et les fractures étaient soignés avec succès dans ces thermes, à cette époque les plus grands de la Germanie

Jan Luyken, t'Badt tot Aken, Badebecken im Kaiserbad, Kupferstich 1682.

Jan Luyken, t'Badt tot Aken, pool at the imperial baths, copperplate engraving 1682.

Jan Luyken, t'Badt tot Aken, bassin de baignade aux bains impériaux, gravure sur cuivre, 1682.

Kaiserin Joséfine Bonaparte, Gemälde von Robert Lefèvre (1805).

Empress Joséfine Bonaparte, painting by Robert Lefèvre (1805).

L'impératrice Joséphine Bonaparte, tableau de Robert Lefèvre (1805).

Forum. Die Reste der zweiten Therme finden sich heute noch unter dem Aachener Dom. Rheumatische Beschwerden, Gicht und Knochenbrüche wurden erfolgreich in den einst größten Thermalbädern West-Germaniens therapiert, ebenso juckende Hautekzeme, sowie in späteren Jahrhunderten alle möglichen inneren Krankheiten. Kurz und gut, der Aachener sagt: „Et is für gegen alles!" Bei einer so universellen Medizin nimmt man auch gerne Nebenwirkungen in Kauf. Der hohe Gehalt an Schwefelwasserstoff sorgt da, wo die Quellen sprudeln, für einen unangenehmen Geruch nach faulen Eiern. Dennoch kann man bis heute am einzigen offenen Brunnen der Aachener Innenstadt, dem Elisenbrunnen, täglich Aachener Bürger treffen, die ihren Schluck Gesundheit nehmen. Hier „genießen" die Aachener und ihre Gäste den „Aachener Kaiserbrunnen" direkt aus der Quelle. Leider musste die Firma Kaiserbrunnen aus Wirtschaftlichkeitsgründen Ende 2009 ihre Abfüllanlagen

At the time, the largest thermal spa complex in Western Germania specialised in treating rheumatic complaints, gout, bone fractures, itchy skin eczema and later also internal disorders.

As the saying goes in Aachen: "Et is für gegen alles!" – it heals anything. Unfortunately, it also has an unpleasant side effect – the thermal springs contain a high proportion of sulphur, which has an incredibly pungent smell of rotten eggs. And yet, many people in Aachen "take the waters" every day at the Elisenbrunnen, the only open fountain in the city centre. This is where the people of Aachen and visitors alike "enjoy" a drink of "Aachener Kaiserwasser" directly from the thermal spring. Unfortunately the Kaiserbrunnen company had to close down its bottling plant for financial reasons in 2009. Up to then the Aachen mineral water was well-represented on all supermarket shelves. However, the waters of Aachen did not always do the trick! When Empress Josephine Bonaparte came to Aachen in 1804, bathing in the waters in order to "become with child", she was sadly disappointed. Charlemagne is said to have thoroughly enjoyed bathing with a crowd of up to a hundred people.

From the beginning of the 17th century, Aachen gradually made a name for itself as a spa. And with great success: members of Europe's high society and aristocracy visited Aachen regularly to take the waters.

It is of course still possible to take a health cure in the Aachen spa. The Carolus thermal baths are ideal for all private visitors looking for rest and relaxation. The Rosenquelle offers baths with a choice of ten different temperatures, as well as sauna and wellness facilities.
In recent years the thermal springs have become extremely popular again, with almost 800 visitors a day.

Burtscheid has become the centre for spa visitors. It boasts

occidentale, tout comme les eczémas, ainsi que toutes les maladies internes possibles lors des siècles suivants. Bref, les locaux affirment qu'elles soignent tout ! Lorsqu'on dispose d'un remède aussi universel, on prend volontiers son parti des effets secondaires. La teneur élevée en hydrogène sulfuré produit une odeur nauséabonde d'œufs pourris aux endroits où les sources jaillissent. Néanmoins, on peut aujourd'hui encore rencontrer tous les jours des citoyens d'Aix-la-Chapelle qui viennent boire leur gorgée d'eau bienfaisante à la seule fontaine du centre-ville accessible au public, la fontaine Elisenbrunnen. Les locaux et leurs invités y « dégustent » la « fontaine impériale » directement à la source. Malheureusement la société Kaiserbrunnen a dû fermer ses usines d'embouteillage fin 2009 pour des raisons de rentabilité. Jusqu'à cette date, on pouvait acheter l'eau d'Aix-la-Chapelle dans n'importe quel supermarché. Pourtant, il est un cas où même les eaux d'Aix-la-Chapelle ont échoué : en 1804, malgré des baignades zélées, l'impératrice Joséphine Bonaparte n'est pas tombée enceinte. En revanche, on dit que

Das Badebecken der Römer am Büchel (um 70-120 n Chr.), es wurde wegen einer Neubaumaßnahme abgerissen.

Roman pool at Büchel (around 70-120 AD). It was demolished during redevelopment.

Le bassin de baignade des Romains au Büchel (vers 70-120 apr. J.-C.), démoli pour faire place à une nouvelle construction.

„Ohne Wasser gäbe es kein Bad Aachen, denn wer weiß, ob sich die Römer sonst auf diesem Fleckchen Erde niedergelassen hätten. Zumindest wäre Aachen nicht die Stadt der Brunnen und der heißen Quellen. Jede Aachenerin und jeder Aachener hat seinen ‚Lieblingsbrunnen'. Als ich ein Kind war, hatte ich ein Faible für den Kaiser-Karl-Brunnen, heute fällt es mir schwer, meine Enkel vom Puppenbrunnen loszueisen. Ich glaube, das allgegenwärtige Plätschern und Fließen des Wassers hat über die Jahrhunderte das ruhige, gesellige und fröhliche Temperament meiner Heimatstadt und seiner Bewohnerinnen und Bewohner geprägt. Aachen ist nicht nur Wasser, aber ohne Wasser wäre Aachen nichts."

"Without water, Bad Aachen might not exist, for otherwise the Romans would probably have ignored the area. At the very least, Aachen would not have become the city of fountains and thermal springs. Every Aachener has his or her own favourite fountain. When I was a child, mine was the Charlemagne Fountain, whereas today I find it hard to drag my grandchildren away from the Puppet Fountain. I believe that over the centuries, the sight and sound of running water everywhere has helped fashion the peaceful, sociable and cheerful temperament of my home town and its residents. There's more to Aachen than water, but without it, the city would be nothing."

« Sans l'eau, la ville thermale d'Aix-la-Chapelle n'existerait pas, car qui sait si les Romains se seraient alors installés sur ce coin de terre. En tous cas, Aix-la-Chapelle ne serait jamais devenue la ville des fontaines et des sources chaudes. Chaque habitante et chaque habitant d'Aix-la-Chapelle a sa fontaine préférée. Quand j'étais enfant, j'avais un faible pour la fontaine Kaiser-Karl ; aujourd'hui j'ai du mal à déloger mes petits-enfants de la fontaine aux poupées. Je crois que le clapotis et l'écoulement omniprésents de l'eau ont forgé au fil des siècles le tempérament calme, convivial et gai de ma ville natale et de ses habitants. Aix-la-Chapelle ne se résume pas à l'eau, mais sans eau, Aix-la-Chapelle ne serait rien. »

Ulla Schmidt

Ulla Schmidt, langjährige Bundesministerin für Gesundheit und Soziale Sicherung.

Ulla Schmidt held the position of Federal Minister for Health and Social Security for many years.

Ulla Schmidt, qui fut pendant de longues années Ministre fédérale de la Santé et de l'Assurance Sociale.

stilllegen. Bis dahin konnte man das Aachener Wasser in jedem Supermarkt kaufen. In einem Fall jedoch hat selbst das Aachener Wasser versagt: Kaiserin Joséfine Bonaparte wurde 1804 trotz eifrigen Badens im Aachener Wasser nicht schwanger. Kaiser Karl der Große hingegen soll sogar mit bis zu 100 Personen gleichzeitig die Aachener Badefreuden genossen haben.

Besonders seit der Mitte des 17. Jahrhunderts hatte man das Kur- und Badewesen in Aachen gezielt ausgebaut, war Aachen zu einem

the hottest spring in Aachen, the "Koche Pützchen" with a staggering 74°C. Over the centuries, staff at the Schwertbad of the Rosenquelle Clinic and at the Clinic for Rheumatism have gained a great deal of expertise when it comes to the treatment of various illnesses. Both centres have been able to make a name for themselves in the area of therapeutic exercises for patients having undergone surgery to the muscoloskeletal system. For the people of Aachen, Burtscheid is a very popular residential area. Although it is

l'empereur Charlemagne aurait savouré les joies des bains avec une centaine de personnes en même temps !

C'est surtout depuis le milieu du 17ème siècle que le thermalisme a été délibérément développé à Aix-la-Chapelle, car la ville était devenue un point de rencontre mondain des riches et de l'aristocratie de toute l'Europe. Bien entendu on peut aujourd'hui encore faire une cure à Aix-la-Chapelle. Ceux qui souhaitent tout simplement se détendre un peu peuvent rendre une visite à titre privé aux Thermes Carolus. Ils pourront y jouir de l'eau de la source Rosenquelle à dix températures différentes et profiter en outre de l'offre très variée de saunas et de wellness. Avec près de 800 visiteurs chaque jour, ces thermes sont devenues une véritable attraction ces dernières années.

Aujourd'hui, les cures à Aix-la-Chapelle se déroulent dans le quartier de Burtscheid, où l'on trouve la source la plus chaude, la « Koche Pützchen », à 74 degrés. C'est surtout à la piscine Schwertbad de la clinique située près de la source Rosenquelle et dans la clinique de rhumatologie qu'on

mondänen Treffpunkt der Reichen und der Aristokratie aus ganz Europa geworden.

Selbstverständlich kann man auch heute noch in Aachen kuren. Wer einfach ein wenig Entspannung sucht, stattet den Carolus Thermen einen privaten Besuch ab. Dort kann man das Wasser der Rosenquelle bei zehn verschiedenen Temperaturen genießen und außerdem von einem reichhaltigen Sauna- und Wellness-Angebot Gebrauch machen.

Mit fast 800 Besuchern täglich ist diese Therme in den letzten Jahren zu einem echten Publikumsmagneten geworden.

Wer heute nach Aachen zur Kur fährt, kommt nach Burtscheid. Dort gibt es nicht nur die heißeste Quelle, das „Koche Pützchen“ mit 74 Grad. Vor allem im Schwertbad in der Klinik an der Rosenquelle und in der Rheumaklinik ist man in der Behandlung diverser Leiden seit Jahrhunderten geübt. Hier lässt man sich nach Operationen des Bewegungsapparates gerne wieder mobil machen. Für die Aachener ist Burtscheid ein beliebtes Wohnviertel. Nah an der Stadt findet man hier trotzdem ein kleinstädtisches Flair mit eigener Infrastruktur. Von der Innenstadt aus kommend begrüßt den Besucher gleich ein herrlicher Blick auf die Abteikirche St. Johann und die Pfarrkirche St. Michael. Beide Kirchen wurden im 18. Jahrhundert vom Aachener Barockarchitekten Johann Josef Couven gebaut. Sie sind die einzigen großen Bauwerke dieses wichtigen Stadtarchitekten, die in Aachen die Zeiten überstanden haben.

situated close to the city centre, it has a charming suburban flair and an infrastructure of its own. Coming from the city centre, the visitor is greeted by a breathtaking view of the abbey of St. Johann and the parish church of St. Michael. Both churches were built by the Aachen architect Johann Josef Couven during the 18th century, following the baroque style. They are the only large buildings in Aachen designed by Couven to have survived the course of time.

dispose de l'expérience du traitement de divers maux depuis plusieurs siècles. On y effectue volontiers sa rééducation après les opérations du système moteur. Pour les habitants d'Aix-la-Chapelle, Burtscheid est d'abord un quartier résidentiel prisé. A proximité de la ville, on y trouve tout de même une atmosphère de bourgade dotée de sa propre infrastructure. En venant du centre-ville, un magnifique panorama donnant sur l'abbaye St Jean et l'église paroissiale St Michel salue d'emblée le visiteur. Ces deux églises ont été construites au 18ème siècle par l'architecte baroque Johann Josef Couven. Ce sont les deux seuls édifices importants de cet architecte local qui ont survécu aux siècles à Aix-la-Chapelle.

Dorische Säulen am Elisenbrunnen, Karl Friedrich Schinkel (1822-1828).

Doric columns at Elisenbrunnen, Karl Friedrich Schinkel (1822-1828).

Colonnes doriques à la fontaine Elisenbrunnen, Karl Friedrich Schinkel (1822-1828).

Der Elisenbrunnen ist bis heute ein Trinkbrunnen am Friedrich-Wilhelm-Platz.

To this very day, Elisenbrunnen in Friedrich-Wilhelm-Platz is still being used as a drinking fountain.

Elisenbrunnen, sur la place Frédéric-Guillaume, est toujours une fontaine potable aujourd'hui.

Die Elisabethhalle, Jugendstilschwimmbad mitten in der City. Kurios: im Obergeschoss probt das Sinfonieorchester Aachen.

Elisabethhalle, Art Nouveau swimming baths in the centre of the city. Unusual: Aachen Symphony Orchestra rehearses on the top floor.

Elisabethhalle, une piscine art nouveau en plein centre-ville. Curiosité : l'orchestre symphonique d'Aix-la-Chapelle répète dans l'étage supérior.

Das Spielcasino befindet sich im neuen Kurhaus (1916), Direktor Jürgen Strunck.

The casino is housed in the new Kurhaus (1916). The director is Jürgen Strunck.

Le casino se trouve dans le nouvel établissement thermal (1916) ; son directeur, Jürgen Strunck.

Aachens erste Hoteladresse: Der Quellenhof ist ein Fünf-Sterne-Haus.

First-class hotel in Aachen. Boasting five stars, Quellenhof ranks among the city's premier establishments.

La meilleure adresse d'Aix-la-Chapelle : l'hôtel Quellenhof arbore cinq étoiles.

Hier sprudelt das Wasser aus der Rosenquelle und fließt in die Carolus Thermen.

The point at which the water from Rosenquelle flows into the Carolus thermal baths.

L'eau jaillit de la source Rosenquelle et arrose les thermes de Carolus.

Orientalisches Flair im Hamam. Hier wird der Gast gründlich eingeseift und kräftig massiert.

Oriental flair at the Hamam Turkish Baths. Guests will enjoy basic cleansing followed by a relaxing massage.

Ambiance orientale au hammam. Les visiteurs y seront soigneusement savonnés et massés avec vigueur.

Bewegungstherapie durch Wassergymnastik im großen Becken in den Carolus Thermen.

Therapeutic exercise in the form of water gymnastics in the large pool of the Carolus thermal baths.

Kinésithérapie par gymnastique aquatique dans le grand bassin des thermes de Carolus.

Brunnen und Figuren bilden den Aachener Stadtschmuck. Von links oben: Kugelbrunnen, Geldbrunnen, Bahkauv, Fischpüddelchen, Karlsbrunnen, Teufel und Marktweib.

Aachen abounds with impressive fountains and sculptures. Fountains from top left: Kugelbrunnen, Geldbrunnen, Bahkauv, Fischpüddelchen, Karlsbrunnen, Devil and market woman.

Fontaines et statues sont les joyaux de la ville d'Aix-la-Chapelle : Kugelbrunnen, Geldbrunnen, Bahkauv, Fischpüddelchen, Karlsbrunnen, diable et matrone (de g. à dr., de haut en bas).

Von links: Hühnerdieb, Kehrmännchen, Klenkes, Geldbrunnen (Kreislauf des Geldes), Türelürelüßje-Brunnen, Koche Pützchen.

From the left: Hühnerdieb, Kehrmännchen, Klenkes, Geldbrunnen (the cycle of money), Türelürelüßje-Brunnen, Koche Pützchen.

De g. à dr. : Voleur de poulets, petit balayeur, Klenkes, Geldbrunnen (le mouvement de la monnaie), Türelürelüßje-Brunnen, Koche Pützchen.

Couven-Pavillion (um 1740) in den Burtscheider Kuranlagen.

Couven pavilion (around 1740) in Burtscheid spa gardens.

Pavillon Couven (vers 1740) dans les établissements thermaux de Burtscheid.

Der Kurparkbrunnen an den Kurparkterrassen ist ein Warmwasserbrunnen.

Warm water spa fountain at the spa terraces.

La fontaine du parc, sur les terrasses, est une fontaine d'eau chaude.

Die beiden barocken Kirchen St. Michael (1748-51) und St. Johann (1735-54) gelten als wichtigste regionale Kirchenbauten ihrer Zeit. Der Architekt war Johann Josef Couven aus Aachen.

The Baroque churches St. Michael (1748-51) and St. John (1735-54) are prominent ecclesiastical buildings of the period. The churches were designed by Aachen architect Johann Josef Couven.

Les deux églises baroques St. Michel (1748-51) et St. Jean (1735-54) sont considérées comme les plus importantes de leur époque dans la région. Leur architecte : Johann Josef Couven, originaire d'Aix-la-Chapelle.

Das Burtscheider Abteitor von 1644 im „Materialstil" aus regional typischen Blau- und Backsteinen.

The Burtscheid abbey gate dating back to 1644, built with bluestone and bricks typical of the area.

Le porche de l'abbaye de Burtscheid datant de 1644, en pierres bleues et briques, style typique de la région.

Euregio – hier treffen sich drei Länder

Stellt man sich das kontinentale Westeuropa vor, dann liegt Aachen mitten im Zentrum des ehemaligen Kaiserreiches Karls des Großen. Aachen im Herzen Europas, das klingt nicht nur gut, das umfasst auch eine historische Dimension. Seit der europäischen Osterweiterung hat sich Europas Mitte leicht verschoben und so liegt Aachen heute nur noch im Herzen der Euregio. Die Euregio Maas-Rhein, das Gebiet zwischen Köln,

Figur Karls des Großen auf dem Marktbrunnen (Kopie).

Market fountain with sculpture of Charlemagne (copy).

Statue de Charlemagne sur le Marktbrunnen (copie).

Euregio – where three countries meet

Aachen is located in the middle of continental western Europe, at the heart of Charlemagne's former empire. Since the recent enlargement of the EU, however, the centre of Europe has shifted slightly to the east and Aachen's focus is now on remaining at the heart of the Euregio Meuse-Rhine area between Cologne, Maastricht and Liège. This economic region incorporates three countries and provides living space for 3.6 million Europeans.

Aacheners have long been attached to the European idea, so the regional authorities naturally play down the fact that their city is Germany's westernmost point: the Hinterland extends beyond the borders.

Coined from the words "Europe" and "region", Euregio is a concept fully embraced by Aacheners along with residents of Maastricht, Heerlen, Hasselt and, of course, Liège. The five cities work closely together when it comes to the promotion of regional development and cross-border dialogue.

However, life in the borderland between Germany, the Netherlands and Belgium isn't all leisure – run-of-the-mill matters also have to be dealt with. Being at the intersection of three countries means coping with a range of different laws, regulations, attitudes and languages. Before the advent of the euro, the area's inhabitants even used separate currencies. After the Second World War, the Aachen Forest was notorious for the smuggling activities that went on under its green canopy. As for today, cheap petrol prices continue to tempt people over the border.

But back to the good points. Clued-up golfers know that the courses at Gemmenich in Belgium and Brunssum in the Netherlands offer an inexpensive alternative to the norm.

Euregio – la rencontre de trois pays

Si l'on s'imagine l'Europe occidentale continentale, Aix-la-Chapelle se trouve en plein centre de l'ancien empire de Charlemagne. Aix-la-Chapelle au cœur de l'Europe, cette affirmation sonne bien, mais possède aussi une dimension historique. Depuis l'élargissement européen à l'Est, le centre de l'Europe s'est toutefois légèrement décalé et aujourd'hui, Aix-la-Chapelle ne se situe plus qu'au cœur de « l'Euregio Maas-Rhin ». Cette région située entre Cologne, Maastricht et Liège est un espace économique qui s'étend sur trois frontières et offre un espace de vie à 3,6 millions d'Européens.

Les habitants d'Aix-la-Chapelle sont attachés depuis longtemps à l'idée européenne ; aussi les communes de la région ont à cœur de faire oublier qu'Aix-la-Chapelle forme la pointe Ouest de l'Allemagne: le Hinterland dépasse les frontières.

Le néologisme « Euregio » a été formé à partir des mots Europe et Région. Les habitants d'Aix-la-Chapelle donnent vie à ce terme au même titre que les citoyens de Maastricht, de Heerlen, de Hasselt et naturellement aussi de Liège. Ces cinq villes coopèrent étroitement lorsqu'il s'agit de promouvoir le développement régional ou de nouer des contacts internationaux entre les habitants de la région.

La vie à la frontière entre l'Allemagne, les Pays-Bas et la Belgique n'est pas toujours une sinécure, elle est aussi faite de quotidien. Ainsi, ce ne sont pas seulement des pays différents qui convergent à Aix-la-Chapelle par leur pointe, mais aussi différentes législations, différentes réglementations, différentes mentalités, différentes langues. Avant l'euro, les habitants étaient même séparés par leurs monnaies. Après la Seconde Guerre mondiale, la forêt d'Aix-la-Chapelle et ses frontières

Dieter Philipp, Präsident der Handwerkskammer Aachen.

Dieter Philipp, President of the Chamber of Crafts & Trades Aachen.

Dieter Philipp, Président de la chambre artisanale d'Aix-la-Chapelle.

„Aachen – am Rande des Maaslandes gelegen – bildet ein Städtedreieck mit Lüttich und Maastricht. Nicht nur die Geschichte, auch die Zukunft im Herzen Europas ist hier allgegenwärtig. Grenzen werden abgebaut und Neues gewagt – so wie die Menschen in der Region ‚euregional' feiern, heiraten, arbeiten und auch manchmal trauern. Aachen ist erkennbar Schmelztiegel und in vielerlei Hinsicht Motor und Herz der Region."

"Aachen, situated on the periphery of the Maasland, forms a triangle with the towns of Liège and Maastricht. The region shares not only a common history but also a joint future at the very heart of Europe. Frontiers have been eliminated and new ideas are being embraced with enthusiasm. Indeed, the people of this area celebrate, marry, work and sometimes mourn in a spirit that is "euregional". Aachen is a melting pot, and in many ways it is the motor and the heart of the region."

« Aix-la-Chapelle – sise en bordure du pays mosan – forme avec Liège et Maastricht un triangle de cités. L'histoire y est présente partout mais aussi l'avenir au cœur de l'Europe. On y abat les frontières et on y ose la nouveauté – de même que les individus dans cette région font la fête, se marient, travaillent et parfois portent le deuil à l'échelon « eurégional ». Aix-la-Chapelle est, de toute évidence, un creuset et, à de nombreux égard, le moteur et le cœur de la région. »

Dieter Philipp

Maastricht und Lüttich, ist ein Wirtschaftsraum, der über drei Grenzen reicht. Hier leben 3,6 Millionen Europäer.

Die Aachener sind der europäischen Idee seit langem verbunden, und es ist den Kommunen der Region ein wichtiges Anliegen vergessen zu machen, dass Aachen Deutschlands Westzipfel ist: Das Hinterland geht über die Grenzen.

Aus den Worten Europa und Region wurde das neue Wort „Euregio" geschaffen. Die Aachener füllen das Wort Euregio ebenso mit Leben wie die Maastrichter, die Heerlener, die Hasselter und natürlich auch die Lütticher. Diese fünf Städte arbeiten eng zusammen, wenn es um die Förderung der regionalen Entwicklung und um grenzüberschreitende Kontakte der Menschen in der Region geht.

Das Leben an der Grenze zwischen Deutschland, Niederlande und Belgien ist nicht immer nur Sonnenschein, sondern auch Alltag. So sind es nicht nur unterschiedliche Staaten, die sich in Aachen mit jeweils einem Zipfel treffen, sondern auch unterschiedliche

Aacheners prefer to cycle in the Netherlands, where the land is less undulating; after all, the hill known as Vaalserberg, where the three countries meet, is Holland's highest point at just 322,5 metres.

To the Dutch, the Mergelland area south of Limburg, with its gently rolling hills stretching out from Aachen, must verge on the mountainous. Its fertile soil, which is also used for fruit-growing and wine production, extends all the way to Aachen's biggest neighbour over the Dutch border: Maastricht.

Excursions to Belgium and the Netherlands are always an attractive proposition. The landscape there is richly varied, while the towns and villages have their own distinctive character. Belgian Euregio, which is also home to the German-speaking part of Belgium administered in Eupen, lies in the Eifel region and boasts a breathtaking landscape of rolling hills. Hohes Venn is a high moorland area of outstanding beauty,

boisées était une zone de contrebande mal famée. Et aujourd'hui ? Les prix de l'essence attirent toujours les gens par-delà leurs frontières.

Mais parlons des avantages ! Gemmenich, en Belgique, et Brunssum, aux Pays-Bas, sont de bonnes adresses pour pratiquer le golf sans se ruiner. Les habitants d'Aix-la-Chapelle préfèrent pour leur part faire du vélo aux Pays-Bas, car le paysage y est plus plat ; en effet, avec seulement 322,5 mètres, le Vaalserberg, aux confins des trois pays, est le point culminant des Pays-Bas.

Les Hollandais trouvent que le Mergelland du Limbourg méridional est plutôt montagneux. Un paysage doucement vallonné s'étend d'Aix-la-Chapelle jusque dans cette région. Des sols fertiles, également exploités pour la culture fruitière et viticole, s'avancent jusqu'à la plus grande ville hollandaise voisine d'Aix-la-Chapelle : Maastricht.

Une balade dans les pays voisins, la Belgique et les Pays-Bas, est toujours

Der Dreiländerpunkt: Hier treffen sich Deutschland, die Niederlande und Belgien.

Where three countries meet: Germany, the Netherlands and Belgium.

La région des trois pays : c'est là que se rencontrent l'Allemagne, les Pays-Bas et la Belgique.

Gesetzgebungen, Vorschriften, Mentalitäten und Sprachen. Vor dem Euro trennten auch die Währungen die Bewohner voneinander. Der Aachener Wald mit seinen grünen Grenzen war nach dem Zweiten Weltkrieg ein berüchtigtes Schmugglergebiet. Und heute? Da locken immer wieder die Benzinpreise die Menschen über die Grenzen.

Reden wir über die Vorteile! Das belgische Gemmenich und das niederländische Brunssum sind Geheimtipps zum preiswerten Golfen. Rad fahren die Aachener lieber in den Niederlanden. Dort ist die Landschaft flacher; denn der Vaalser Berg mit seinem Dreiländereck ist mit seinen 322,5 Metern der höchste Berg der Niederlande.

Die Niederländer finden das Mergelland Süd-Limburgs eher bergig. Eine sanfte Hügellandschaft erstreckt sich von Aachen aus in das Land hinein. Fruchtbare Böden, die auch zum Obst- und Weinanbau genutzt werden, reichen bis zu Aachens größter niederländischen Nachbarstadt: Maastricht.

Immer wieder interessant ist ein Ausflug in die benachbarten Länder Belgien und Niederlande. Abgesehen von der außergewöhnlich abwechslungsreichen Landschaft zeigen auch die Dörfer und Städte ein völlig anderes Gesicht. Die belgische Euregio, zu der außerdem der von Eupen aus verwaltete deutsch-sprachige Teil Belgiens gehört, liegt in

where walkers can easily get lost if they stray from the marked paths. The Botrange Nature Centre offers guides and information on this world-renowned nature reserve.

On the German side, Monschau and the Rursee lake are well worth a visit. With its half-timbered houses, Monschau is a quaint Eifel town that attracts visitors from all over the world. The Rursee, the drinking-water reservoir of the region, offers opportunities for excursions, watersports and long walks in the Eifel mountains.

Of greater importance, though, is the Euregio economic region. To make the best possible use of the borderland, two business parks have been created that straddle the frontiers. Avantis, which is located near Aachen, is a joint undertaking with the Dutch town of Heerlen, while Eurode links Herzogenrath with Kerkrade. Both business centres span the German-Dutch border. But the devil is in the detail: cross-border traffic routes need to function smoothly, as do joint security arrangements. Local

intéressante. Outre le paysage extrêmement varié, les villages et les villes offrent aussi un tout autre visage. L'Euregio belge, dont fait d'ailleurs partie la région germanophone de la Belgique administrée par Eupen, est située dans l'Eifel et séduit par son paysage vallonné unique. Le Hohe Venn est un paysage de marais d'une beauté exceptionnelle où les randonneurs peuvent facilement se perdre s'ils quittent les chemins balisés. Le parc naturel de Botrange fournit un guide et des informations pour traverser ce site naturel protégé.

Du côté allemand, on arrive à Monschau et au lac Rursee. Monschau, avec ses nombreuses maisons à colombages, est un village de l'Eifel particulièrement pittoresque qui s'enorgueillit de recevoir un grand nombre de visiteurs venus du monde entier. Le lac Rursee, le réservoir de l'eau potable de toute la région, offre de possibilités d'excusions, de sports nautiques et de longues randonnées dans l'Eifel.

Cependant, l'espace économique de l'Euregio est beaucoup plus important. Pour pouvoir utiliser pleinement l'espace de chaque côté des frontières, on a créé deux zones d'activité transfrontalières dans l'Euregio. En l'occurrence, « l'Avantis » d'Aix-la-Chapelle collabore directement avec la ville hollandaise de Heerlen. « Eurode » relie Herzogenrath et Kerkrade. Ces deux zones commerciales se situent en partie en Allemagne, en partie aux Pays-Bas. Mais le hic se dissimule généralement dans les détails : ainsi, il faut que les voies de communication traversant les frontières fonctionnent au même titre qu'une sécurité commune. Les administrations, les autorités et la police doivent être mises en réseau et doivent pouvoir intervenir au-delà des frontières. Des concepts de marketing touristique et des calendriers de manifestations eurégionales sont établis en commun. Parfois, l'échange de savoir transfrontalier est nécessaire, par exemple lorsqu'un médecin spécialiste n'est pas disponible à Aix-la-Chapelle mais peut venir de Maastricht

der Eifel und besticht durch seine einmalige Hügellandschaft. Das Hohe Venn ist eine Hochmoorlandschaft von außergewöhnlicher Schönheit, in der sich Wanderer schnell verlaufen können, wenn sie die markierten Pfade verlassen. Das Naturpark-zentrum Botrange vermittelt Führer und Informationen durch dieses Weltnaturschutzgebiet.

Auf der deutschen Seite kommt man nach Monschau und zum Rursee. Monschau mit seinen zahlreichen Fachwerkhäusern ist ein besonders malerischer Eifelort und stolz auf seine vielen Besucher aus aller Welt. Der Rursee, das Trinkwasserreservoir der gesamten Region, bietet Gelegenheiten für Ausflüge, Wassersport und ausgedehnte Wanderungen im Naturpark Eifel.

Von großer Bedeutung ist der Wirtschaftsraum Euregio. Um den Platz diesseits und jenseits der Grenzen optimal nutzen zu können, gibt es inzwischen zwei grenzüberschreitende Gewerbegebiete in der Euregio. Das Aachener „Avantis" arbeitet dabei unmittelbar mit der niederlandischen Stadt Heerlen zusammen. „Eurode" verbindet Herzogenrath und Kerkrade miteinander. Beide Gewerbegebiete liegen zum einen Teil in Deutschland, zum anderen Teil in den Niederlanden. Der Teufel steckt jedoch meist im Detail: So müssen grenzüberschreitende Verkehrswege ebenso funktionieren wie eine gemeinsame Sicherheit. Behörden, Verwaltungen und Polizei müssen vernetzt sein und grenzüberschreitend tätig werden können. Gemeinsam werden Konzepte für touristisches Marketing und euregionale Veranstaltungskalender erstellt. Manchmal ist auch der grenzenlose Austausch von Wissen nötig, wenn zum Beispiel ein medizinischer Spezialist in Aachen nicht zur Verfügung steht, aber aus Maastricht nach Aachen kommen kann und umgekehrt. Die Hochschulen bieten bereits in enger Kooperation gemeinsame Studiengänge in englischer Sprache an. Hier steht Europa auf dem Prüfstand.

authorities, administrative departments and police forces must be integrated and able to operate across borders. Tourist marketing initiatives and Euregio events are planned jointly. From time to time, expertise is also exchanged across borders. If, for example, a particular medical specialist is needed in Aachen, one can be sent from Maastricht, and vice versa. Universities are working closely together to offer joint courses in English. Here, the idea of an integrated Europe is being put to the test.

ou inversement. Les écoles supérieures proposent déjà des cursus universitaires communs en étroite coopération, en langue anglaise. C'est l'Europe au banc d'essai.

Der Baudouin-Turm, Aussichtsturm am mit 322,5 m höchsten Punkt der Niederlande.

The Baudouin observation tower at the highest point in the Netherlands (322.5m).

La tour panoramique Baudouin sur le point culminant (322,50 mètres) des Pays-Bas.

Der Westwall, Mitte der 30er Jahre als Panzersperre errichtet.

The Westwall, created during the 1930s as a blockade against tanks.

Le Westwall, construit au milieu des années 30 comme barrage antichars.

Ein gutes Stück Naherholung! Minigolf am Gut Entenpfuhl im Aachener Wald.

Fun and relaxation close to home: mini-golf at Gut Entenpfuhl in Aachener Wald.

Détente à proximité de la ville ! Minigolf du domaine Entenpfuhl, dans la forêt d'Aix-la-Chapelle.

Radio- und Fernsehturm nahe dem Dreiländereck, die Aachener nennen ihn den „Mulleklenkes“.

Radio and television tower situated at the point where three countries meet. Referred to by the people of Aachen as ”Mulleklenkes”.

Tour radio et télévision près du point de convergence des trois pays – que les locaux appellent « Mulleklenkes ».

Der Europaplatz ist von der Autobahn aus der Eingang zur Stadt.

Coming from the motorway, Europaplatz is the "entrance" to the city.

Depuis l’autoroute, la place Europa est la porte d'entrée à la ville.

Das Freibad am Hangeweiher ist im Sommer Aachens beliebteste Badewanne.

Outdoor swimming complex at Hangeweiher – most popular bathing attraction during the summer months.

En été, la piscine en plein air d'Hangeweiher est la plus fréquentée d'Aix-la-Chapelle.

Der Tierpark Drimborn wird ständig attraktiver und seine Besucherzahlen steigen.

Drimborn zoo is a great attraction, boasting an ever-increasing number of visitors.

Le jardin zoologique de Drimborn est de plus en plus intéressant et ses visiteurs de plus en plus nombreux.

Dom und Elisengarten mit dem Turm von St. Foillan (rechts).

Cathedral and Elisengarten with the spire of St. Foillan (right).

Cathédrale et Elisengarten avec la tour de St. Foillan (à droite).

Burg Seffent, Gutshof aus Bruchstein an der deutsch-niederländischen Grenze. Der Name bedeutet „Siebenquellen", im Seffenter „Quelltopf" entspringt der Wildbach.

Seffent Castle near the German-Dutch border, built with quarry stone. The name means "seven springs". The source of the stream is the "Seffent Quelltopf".

Burg Seffent, propriété en moellons à la frontière entre l'Allemagne et les Pays-Bas. Son nom signifie « sept sources », et le torrent y prend sa source.

Ehemals Aachener Stadtmauer, heute prächtige Allee: Die Monheimsallee.

Once part of the Aachen town wall, today splendid avenue: Monheimsallee.

Jadis remparts de la ville, aujourd'hui allée somptueuse : la Monheimsallee.

Der Drehturm Belvedere, Wasserturm mit Büros und Drehturmrestaurant, das einen herrlichen Blick über Aachen garantiert.

The rotating Belvedere tower, home to offices and a revolving restaurant. The tower affords a magnificent view across Aachen.

La tour pivotante Belvedere, château d’eau avec bureaux et restaurant tournant qui offre une vue panoramique grandiose sur Aix-la-Chapelle.

Blick vom Lousberg auf die Trierer Straße, rechts der Turm der Salvatorkirche, links St. Josef.

View from Lousberg to Trierer Straße; to the right the tower of the church of St. Salvator, to the left the church of St. Joseph.

Vue du mont Lousberg sur la rue Trierer Straße, avec à droite la tour de l'église Salvatorkirche et à gauche St. Joseph.

Leselust im Sommer auf der „Akropolis" von Aachen, den Resten des alten Gartenrestaurants Belvedere am Lousberg.

Long summer days with a good book at Aachen "Acropolis", the remnants of the old Belvedere garden restaurant at Lousberg.

Plaisir de lire estival sur « l'Acropole » d'Aix-la-Chapelle, vestiges de l'ancien restaurant paysager Belvedere, sur le Lousberg.

Der Obelisk auf dem Lousberg ist von 1804. Er wurde Ausgangspunkt für die Vermessung des Rheinlandes für die Tranchotkarte.

The obelisk on Lousberg hill dates back to 1804. It was the starting point for a survey of the Rhineland, on which the Tranchot map was based.

L'obélisque du Lousberg date de 1804. Il a servi de point de départ au mesurage de la Rhénanie pour la carte Tranchot.

Der Kersten'sche Pavillon von Johann-Josef Couven (1737).

The Kersten'sche Pavilion designed by Johann-Josef Couven (1737).

Le Kersten'sche Pavillon de Johann-Josef Couven (1737).

Typische Fachwerk-architektur in Monschau.

A typical example of half-timbered architecture in Monschau.

Architecture à colombages typique, à Monschau.

Monschau, ein Blick über die weihnachtlich geschmückte Stadt, links die Haller-Ruine.

Monschau, a view of the town with festive Christmas decorations. To the left, the remnants of Haller castle.

Monschau, vue sur la ville dans sa parure de Noël – à gauche, la ruine de Haller.

Bootstour auf der Maas, nahe Maastricht, ein beliebtes Freizeitvergnügen.

Boating trip on the River Maas near Maastricht, a very popular pastime.

Tour en bateau sur la Meuse, près de Maastricht, un loisir populaire.

Der Vrijthof, Maastrichts lebhafter Mittelpunkt. Hier finden viele Veranstaltungen statt, findet man typische Altstadtkneipen, und über alles wacht die Kirche: St. Servatius.

Vrijthof, lively centre of Maastricht. The location for special events and traditional pubs, watched over by the church of St. Servatius.

Le Vrijthof, centre animé de Maastricht. Accueillant de nombreuses manifestations, on y trouve des bistrots typiques, sous la surveillance de l'église St. Servatius.

Der modern gestaltete Platz St. Lambert in Lüttich erinnert an die ehemalige Kathedrale. Im Hintergrund der prächtige Bischofspalast.

The modern design of St. Lambert Square in Liège is reminiscent of the former Cathedral. In the background the magnificent Bishop's Palace.

La place St. Lambert de conception moderne à Liège évoque le souvenir de l'ancienne cathédrale. Au second plan, le magnifique palais épiscopal.

Der Brunnen der Drei Grazien mit Perron am Lütticher Markt.

Fountain of The Three Graces with steps at Lütticher Markt.

La Fontaine des Trois Grâces avec son socle sur la place du marché de Liège.

Wissen schafft Zukunft

Die Industrie der Aachener Region war im vorigen Jahrhundert von der Stein- und Braunkohle geprägt. Diese Ära ist beendet. Die Tuch- und Stoffindustrie, die älteste Industrie der Region, hat starke Konkurrenz aus dem asiatischen Raum bekommen. Es gibt in Aachen nur noch eine Tuchfabrik, die Tuchfabrik Becker, die hier hochwertige Stoffe produziert. Die Nadelindustrie, die sich vor Jahrhunderten bereits parallel entwickelt hatte, hat ihre Produktion

Knowledge: the way ahead

During the 20th century, industry in the Aachen region was dominated by hard coal and lignite. This era is drawing to a close. The textile industry, the oldest industry in the region, is facing fierce competition from Asia. There is only one textile factory left in Aachen, the Becker textile mill, which produces high-quality fabrics. The needle industry, which developed for hundreds of years alongside the textile industry, has relocated its production facilities to eastern Europe. While the

L'avenir grâce au savoir

Au siècle dernier, l'industrie de la région d'Aix-la-Chapelle était marquée par le la houille et le lignite. Cette époque est presque révolue. L'industrie des draps et des tissus, la plus ancienne de la région, est fortement concurrencée par le continent asiatique. Il ne reste plus qu'une seule draperie à Aix-la-Chapelle, la Tuchfabrik Becker, qui fabrique des tissus de très grande qualité. L'industrie des aiguilles, qui s'était développée en parallèle il y a plusieurs siècles, a délocalisé sa production en Europe de l'Est. Bien que le premier métier à tisser à vapeur ait fonctionné à Aix-la-Chapelle au début du 19ème siècle, il faut aujourd'hui trouver de nouvelles voies pour créer des emplois et les préserver à long terme. Même si les habitants d'Aix-la-Chapelle se reconnaissent encore aujourd'hui volontiers à leur petit doigt en l'air, plus aucune aiguille n'est triée avec cet auriculaire.

La technique et la science sont les piliers de l'avenir. Lors de la mutation industrielle, l'école technique

„Die RWTH Aachen hat weltweit einen ausgezeichneten Ruf. Ein Beispiel für viele: Über 900 Personalentscheider in renommierten Unternehmen haben sie zur anwendungsorientiertesten Universität Deutschlands gewählt. Diese Rankings belegen immer wieder die exzellente Ausbildung in den 260 Instituten unserer Hochschule. Die Qualität ihrer Forschung ist eindrucksvoll auch im Exzellenzwettbewerb bescheinigt worden. Die RWTH Aachen wird diese Stärken mit dem Campus-Projekt weiter ausbauen. Im Hochschulbereich Melaten und auf dem Gelände am Westbahnhof wird in den nächsten Jahren Europas größtes Wissenschaftsareal entstehen – ein enormes Potenzial für das Wachstum der StädteRegion Aachen."

"RWTH Aachen University has established an outstanding reputation at an international level. A case in point: more than 900 HR managers acknowledged RWTH Aachen as the most application-based university in Germany. Rankings such as these testify to the exceptional education provided by the 260 institutes operating within our university. The quality of their research activities is also reflected in our Excellence Initiative ranking. RWTH Aachen University is committed to further extending these strengths by pursuing its Campus Project. In the coming years, we will create Europe's largest centre of science and academia at our Melaten campus and the redeveloped site of the former Westbahnhof railway station – an outstanding opportunity for growth within the Aachen region as a whole."

« La RWTH Aachen (Ecole Technique supérieure de Rhénanie et de Westphalie d'Aix-la-Chapelle) jouit d'une excellente réputation dans le monde entier. Un exemple parmi tant d'autres : plus de 900 décideurs en matière de personnel dans des entreprises en renom l'ont élue comme l'université allemande la plus orientée sur l'application. Ces classements sont régulièrement confirmés par l'excellente formation dispensée dans les 260 instituts de notre université. La qualité de sa recherche est également attestée de façon impressionnante dans le cadre du concours d'excellence universitaire. La RWTH Aachen va continuer d'accentuer ces points forts avec le projet de campus. C'est sur le territoire universitaire de Melaten et sur le terrain situé près de la gare de l'Ouest (Westbahnhof) que va naître au cours des prochaines années l'aire scientifique la plus grande d'Europe – un potentiel énorme pour la croissance de la région urbaine d'Aix-la-Chapelle. »

Professor Dr. Ernst Schmachtenberg

Prof. Dr. Ernst Schmachtenberg, Rektor der RWTH Aachen.

Prof. Dr. Ernst Schmachtenberg, Rector of RWTH Aachen University.

Prof. Dr. Ernst Schmachtenberg, Recteur de la RWTH Aachen.

nach Osteuropa verlagert. Lief in Aachen Anfang des 19. Jahrhunderts noch der erste dampfgetriebene Webstuhl, müssen heute neue Wege gefunden werden, um Arbeitsplätze zu schaffen und langfristig zu erhalten. Auch wenn die Aachener sich immer noch gerne am hochgestreckten kleinen Finger, dem Klenkes, erkennen, werden heute keine Nadeln mehr mit diesem Finger sortiert.

Technik und Wissenschaft sind die Säulen der Zukunft. Beim industriellen Wandel haben die Rheinisch-Westfälische Technische Hochschule, kurz RWTH genannt, und die Fachhochschule Aachen eine wichtige Bedeutung für die Wirtschaft der Aachener Region übernommen. Beide Hochschulen kooperieren eng mit dem Forschungszentrum Jülich. Die RWTH wurde 1870 mit 29 Dozenten und 296 Studenten als Polytechnische Universität gegründet. Inzwischen ist sie einschließlich des Universitätsklinikums mit fast 9000 Mitarbeiterinnen und Mitarbeitern nicht nur die größte Arbeitgeberin der Region, sondern Forschung und Know-how der Uni bieten heute auch die Basis für die Neuansiedlung von Industrien im Aachener Raum. Es gibt ein weltweites Netzwerk mit der Wirtschaft und der Industrie. Denn Forschung alleine nützt niemanden, ihre Ergebnisse müssen auch den Markt erreichen. Davon profitieren die Studierenden durch eine besonders praxisnahe Ausbildung, aber auch die Städte und Gemeinden der Aachener Region. Viele Technologiezentren sind in den letzten Jahren entstanden, in denen Firmen von Absolventen der RWTH gegründet wurden. Durch die Erweiterung ihres Campus wird die RWTH diesen Weg in Zukunft nach konsequenter weiterverfolgen. Auf dem Wissenschaftscampus sollen sich in den nächsten Jahren 200 Unternehmen neu ansiedeln. Sie alle stehen in direkter Verbindung zur Forschung und Lehre an der Aachener Hochschule.

Herausragend sind die Automobilforschung und der gesamte Bereich der Hochtechnologie. Diese Industriezentren bieten heute bereits fast ebenso viele Arbeitsplätze wie ehemals der Bergbau.

Ein Prüfstand aus der Experimentalphysik.

A test unit used in experimental physics.

Un banc d'essai de la physique expérimentale.

first steam-powered loom was still running right up to the start of the 19th century, this level of continuity has long gone. Aachen must now find new ways of creating jobs with a long-term future. Although Aacheners are still known for their special greeting (clenching the hand with an outstretched little finger, recalling the days when children used this finger to identify faulty needles), its use now is merely a reminder of a bygone era. The future rests on the twin pillars of science and technology. As the region's industrial landscape changes, the Aachen University of Technology (RWTH) and the University of Applied Sciences have taken on a key role in the economic sector. Both universities work closely together with the Jülich research centre.

supérieure de Rhénanie et de Westphalie d'Aix-la-Chapelle, désignée par son sigle RWTH, et l'école supérieure professionnelle d'Aix-la-Chapelle (Fachhochschule Aachen) ont acquis une grande importance pour l'économie de la région. Ces deux écoles supérieures travaillent en coopération étroite avec le centre de recherche de Jülich. La RWTH fut fondée en 1870 avec 29 maîtres de conférences et 296 étudiants en tant qu'université polytechnique. Aujourd'hui, avec près de 9000 collaboratrices et collaborateurs si l'on englobe le centre hospitalier universitaire, non seulement elle est le plus gros employeur de la région, mais sa recherche et son savoir-faire engendrent aussi la réimplantation d'industries dans la région d'Aix-la-Chapelle. Il existe un réseau mondial de l'économie et de l'industrie. Un avantage dont profitent non seulement les étudiants – grâce à une formation en

Der Eingang des RWTH-Hauptgebäudes am Templergraben.

Entrance to the RWTH main building at Templergraben.

L'entrée du bâtiment principal du RWTH, à Templergraben.

Beispielhaft für diese Entwicklung ist in erster Linie die Automobilindustrie. Firmen wie FEV Motorentechnik oder das Ford Forschungszentrum nutzen das Wissen Aachener Ingenieure, um weltweit die Menschen „mobil" zu halten. Das Fraunhofer Institut für Lasertechnik oder Firmen wie Aixtron und Ericsson prägen in der Region die industrielle Zukunft. In den letzten 25 Jahren sind durch diese enge Kooperation 1.250 neue Firmen und mittelständische Unternehmen entstanden.

Stellvertretend für den Dienstleistungssektor sei die Aachener und Münchener Feuerversicherung genannt, deren Gründer David Hansemann ein eigener Platz in der Stadt gewidmet ist. Weitere Traditionsfirmen sind Talbot, Saint Gobain Glass, Continental, Philips und Dr. Babor im Kosmetikbereich.

All diese Firmen finden gut ausgebildete Fachkräfte unter den

Prof. Dr. Stefan Pischinger, Inhaber des Lehrstuhles für Motorentechnik und Geschäftsführer der Firma FEV.

Prof. Dr. Stefan Pischinger holds the chair of engine technology and the position of managing director at FEV.

Prof. Dr. Stefan Pischinger, titulaire de la chaire de technique des moteurs et directeur de la société FEV.

The RWTH was founded in 1870 as a polytechnic with 29 lecturers and 296 students (it has nearly 9,000 employees, including those of the university hospital), but also a centre of research and expertise attracting new business to Aachen and its environs. By maintaining global links with business and industry, the RWTH ensures that the results of its research reach the market for which they are intended. This is a key benefit not only for students, who can look forward to "hands-on" education, but also to the towns and the local communities in the Aachen region. Many RWTH graduates go on to form their own companies, locating them in the many new technology centres that have sprung up in recent years.With the extension of the campus, the RWTH will step up the promotion of such projects. The science campus is to house 200 new companies within the next few years. They will be directly connected to the research and study centres of the Aachener Hochschule.

Excellent progress is being made in automotive research and in the wider high-tech field. These industry centres already provide almost as many jobs as there were in mining.

The automotive industry has been behind much of this development. Companies like FEV Motorentechnik and the Ford Research Center leverage the knowledge of Aachen's engineers to keep people on the move around the world. The Fraunhofer Institut für

prise directe avec la pratique – mais aussi les municipalités et les communes de la région d'Aix-la-Chapelle. De nombreux centres technologiques ont vu le jour ces dernières années, où des entreprises ont été fondées par des diplômés de la RWTH. Avec l'extension de son campus, la RWTH va poursuivre cette voie à l'avenir de façon encore plus systématique. 200 entreprises doivent s'implanter sur le campus scientifique au cours des prochaines années. Elles sont toutes en liaison directe avec la recherche et l'enseignement à l'université d'Aix-la-Chapelle.

La recherche automobile et tout le secteur de la haute technologie se distinguent. Ces centres industriels offrent aujourd'hui presque autant d'emplois que jadis l'industrie minière.

L'industrie automobile illustre parfaitement cette évolution. Des sociétés comme FEV Motorentechnik ou le centre de recherche Ford exploitent les connaissances des ingénieurs d'Aix-la-Chapelle pour assurer la mobilité des gens dans le monde entier. L'Institut Fraunhofer de technique laser ou des entreprises comme Aixtron et Ericsson façonnent l'avenir industriel de la région. Au cours des 25 dernières années cette coopération étroite a permis la création de 1250 nouvelles sociétés et PME.

Pour évoquer le secteur des prestations de services, mentionnons l'assurance Aachener und Münchener Feuerversicherung, dont le fondateur, David Hansemann, a une place à son nom dans la ville. Citons en outre des entreprises de longue tradition telles que Talbot, Saint-Gobain Glass, Continental, Philips et Dr. Babor dans le domaine des produits cosmétiques.

Toutes ces entreprises trouvent du personnel bien formé parmi les diplômés de l'université d'Aix-la-Chapelle, où quelque 30.000 étudiantes et étudiants suivent 85 cursus différents, dont des filières de formation permanente et continue. La formation d'une relève universitaire hautement qualifiée et consciente de ses responsabilités pour l'économie, la société, la recherche et l'enseignement est une composante importante du

Das SuperC wurde 2008 als neues studienfunktionales Zentrum und Anlaufstelle für die Studierenden eröffnet.

In 2008, SuperC was opened as a new student service centre.

Le « SuperC » a été inauguré en 2008 et il constitue pour les étudiants à la fois un nouveau centre fonctionnel pour leurs études et un bureau d'accueil.

Absolventen der Aachener Hochschule. In 85 verschiedenen Studiengängen, dazu zählen Fort- und Weiterbildungsstudien, werden dort rund 30.000 Studentinnen und Studenten ausgebildet. Die Heranbildung eines hochqualifizierten und verantwortungsbewussten akademischen Nachwuchses für Wirtschaft, Gesellschaft, Forschung und Lehre, ist wichtiger Bestandteil des Leitbildes der RWTH Aachen. Das Spektrum der Fächer umfasst neben Natur-, Ingenieur-, Geistes-, Gesellschafts- und Wirtschaftswissenschaften auch die Medizin.

Die Medizinische Fakultät ist im Aachener Großklinikum angesiedelt, das die Aachener statt „Klinikum" spöttisch „Unikum" nennen. Dieses Universitätskrankenhaus sprengte bereits bei seinem Neubau in den 80er Jahren alle damals bekannten Dimensionen. Allein die Front hat eine Länge von 257 Metern. Forschung, Lehre und Patientenbetreuung sind hier unter einem Dach vereint. Neben nahezu 1.300 Betten für die Patienten sind Labors und Hörsäle in einem futuristischen Gebäude, das eher wie eine Raffinerie denn wie ein Krankenhaus aussieht, untergebracht. Auch wenn man über die Architektur streiten kann, die Wissenschaft im Gebäude ist unstrittig. Das Klinikum ist eins der führenden europäischen Krankenhäuser. In 33 Fachklinken und 21 spezialisierten Instituten werden nicht nur die Aachener, sondern Menschen aus aller Welt behandelt.

Lasertechnik and firms like Aixtron and Ericsson are shaping the region's industrial future. During the last 25 years, 1250 small and Medium-sized companies have been created as a direct result of this close cooperation.

The service sector is represented by fire insurer Aachener and Münchener Feuerversicherung. One of the squares in the city is named after its founder, David Hansemann. Examples of companies with a long-standing tradition are Talbot, Saint Gobain Glass, Continental, Philips and Dr. Barbor in the cosmetic sector.

All these firms employ skilled graduates from RWTH, where some 30,000 students are enrolled on 85 different courses of study (including advanced training courses). One of the university's major functions is to produce highly qualified and responsible graduates who can make a valuable contribution in the fields of business, research, teaching and society. Along with medicine, the range of disciplines studied includes natural sciences, engineering, humanities, social sciences and economics.

The Faculty of Medicine is housed in Aachen's main hospital, known locally as the "Unikum". When it was built in the 1980s, this university hospital was the biggest of its kind, its frontage alone measuring 257 metres in length. Here, research, teaching and patient care are all combined under one roof. The futuristic building, which looks more like a refinery than a hospital,

modèle de la RWTH d'Aix-la-Chapelle. L'éventail des matières étudiées couvre les sciences naturelles, humaines, sociales, économiques, l'ingénierie ainsi que la médecine.

La faculté de médecine est installée dans le grand hôpital d'Aix-la-Chapelle, que les locaux appellent d'un air moqueur « Unikum » au lieu de « Klinikum ». Lors de sa construction, dans les années 80, cet hôpital universitaire dépassait toutes les dimensions connues à l'époque. Rien que la façade a une longueur de 257 mètres. La recherche, l'enseignement et le suivi des patients sont rassemblés sous le même toit. En plus des quelque 1300 lits pour les patients, des laboratoires et des salles de cours sont abrités dans un bâtiment futuriste qui ressemble plus à une raffinerie qu'à un hôpital. Même si l'on peut ne pas apprécier l'architecture, la science qui s'exerce dans le bâtiment est incontestable : c'est l'un des premiers hôpitaux d'Europe. 33 cliniques et 21 instituts spécialisés soignent non seulement les habitants d'Aix-la-Chapelle, mais aussi des patients venus du monde entier. L'hôpital enregistre des succès dans le traitement des victimes de brûlures et dans le domaine de la chirurgie cardiaque. De nouveaux matériaux mieux tolérables par l'organisme sont développés sur place, par exemple une valvule cardiaque qui peut être fabriquée à partir de substances provenant du corps du patient. Cela rend inutiles certaines opérations postérieures,

Besondere Erfolge erzielt man bei der Behandlung von Verbrennungsopfern und in der Herzchirurgie. Neue körperverträglichere Materialien werden vor Ort entwickelt, so zum Beispiel eine Herzklappe, die aus körpereigenem Material hergestellt werden kann. Damit können besonders in der Kinderherzchirurgie weitere Operationen überflüssig werden. Dabei besinnt man sich am Klinikum gerne traditioneller Webtechniken aus der Tuchindustrie. Allerdings müssen die hergestellten Tuche körperfreundlich sein, weil sie bei Operationen in den menschlichen Korpus eingenäht werden.

Auch die verschiedenen Institute der RWTH arbeiten eng mit dem Klinikum zusammen.

Das Bildungsangebot für Studierende wird auch durch die Fachhochschule Aachen gestaltet, deren weiteres Standbein die FH-Abteilung im Forschungszentrum Jülich ist. Die FH entstand 1971 aus dem Zusammenschluss mehrerer Fachschulen und berufsbezogener Ausbildungsstätten. Ihre Wurzeln sind bereits 100 Jahre alt. Aus ihrer Entstehungsgeschichte heraus sind die Studiengänge der FH eng mit der Praxis verknüpft, einige werden auch im dualen System angeboten. Darin pendeln die Studenten aktiv zwischen Hochschule und Betrieb. Voraussetzung ist auch hier eine enge Zusammenarbeit zwischen FH und der

accommodates nearly 1,300 beds along with laboratories and lecture theatres. Although the hospital's architecture may not be to everyone's taste, no one disputes its scientific excellence. One of Europe's leading hospitals, its 33 specialist clinics and 21 institutes treat patients from all over the world. Particular success has been achieved with burn victims and heart patients. New, biocompatible materials, such as heart valves created from the patient's own cells, are developed on site. This can render further operations superfluous, particularly in the field of children's heart surgery. Within this specific field, the clinic has embraced traditional techniques used in the textile industry. The tissue implanted by surgeons is designed to be tolerated by the body.

The hospital also works closely with the various institutes of the RWTH.

Tertiary education is also provided by Aachen University of Applied Sciences, which has faculties in Aachen as well as at the Jülich Research Centre. Aachen University of Applied Sciences was established in 1971 following the amalgamation of several colleges and specialist educational facilities. It can now look back on a history spanning more than a century. In keeping with its origins, the degree courses offered by Aachen University of Applied Sciences take a practice-based approach to learning. Some of them are based on the dual system of on-

notamment en chirurgie cardiaque pédiatrique. En l'occurrence, on se souvient volontiers des techniques de tissage traditionnelles de l'industrie drapière. Les tissus fabriqués doivent toutefois être tolérés par l'organisme car ils sont cousus dans le corps humain lors des opérations.

Les différents instituts de la RWTH travaillent aussi en étroite collaboration avec l'hôpital.

L'offre en formation pour les étudiants s'appuie également sur l'école supérieure professionnelle d'Aix-la-Chapelle (FH Aachen) qui dispose d'un pilier supplémentaire sous forme de son département de formation professionnelle intégré au centre de recherche de Jülich. L'école supérieure professionnelle est née en 1971 de la fusion entre plusieurs écoles de formation technique et d'instituts de formation professionnelle. Ses racines remontent à plus d'une centaine d'années. L'histoire de sa création fait que les programmes d'enseignement de l'école supérieure professionnelle sont liés à la pratique, certains d'entre eux sont même proposés dans le cadre du système de la formation en alternance (duales System) dans lequel les étudiants alternent leur activité entre l'université et l'entreprise. Ceci suppose également une collaboration étroite entre l'école supérieure professionnelle et l'économie régionale. Environ 8700 étudiants profitent ainsi d'une formation de tout

Kongresszentrum und Konzertsaal: das Eurogress.

Congress centre and concert hall – the Eurogress.

Centre de congrès et salle de concert : l'Eurogress.

regionalen Wirtschaft. Von einer erstklassigen Ausbildung in Technik und wirtschaftswissenschaftlich orientierten Studiengängen profitieren rund 8.700 Studierende. Neben den klassischen Ingenieurwissenschaften bietet die FH Aachen auch Wirtschaftswissenschaften und Design an. Die Studierenden werden von 205 Professoren und 400 Mitarbeiterinnen und Mitarbeitern in 45 Studiengängen betreut. In Jülich hat die FH Aachen einen eigenen Campus. Eng verbunden ist die FH mit dem Forschungszentrum Jülich. Zudem bietet die Hochschule seit einigen Jahren gemeinsam mit der Maastricht University grenzüberschreitende Studiengänge an.

Die Hochschule für Musik und Tanz Köln, Standort Aachen, arbeitet sehr eng mit dem Theater Aachen und dem Sinfonieorchester zusammen. Eine so praxisnahe Ausbildung gibt es nirgendwo sonst in Deutschland. Etwa 170 Studierende werden an allen Orchesterinstrumenten, vielen weiteren klassischen Instrumenten und in den Fächern Tonsatz und Gesang ausgebildet.

Das Hochschulangebot wird außerdem durch die katholische Hochschule NRW, Abteilung Aachen, mit ihren 750 Studierenden abgerundet. Sie ging aus der ehemaligen Sozialen Frauenschule hervor, die schon vor fast 100 Jahren von Helene Weber in Köln gegründet worden war. Die Nähe zum benachbarten Ausland nutzt die Katholische Hochschule durch Kooperativen mit Hochschulen in Belgien und den Niederlanden im Rahmen des EU-geförderten Programms Euregio-Zertifikat. Deutschlandweit einmalig ist der Bachelor-Studiengang „Soziale Arbeit für Frauen in und nach der Familienphase BA“.

Es fällt auf, dass fast 15% der rund 250.000 Aachener Einwohner noch im Studium sind, und so trifft man überall in der Stadt viele junge Leute.

the-job training, as part of which students attend lectures while also working for a company. Within this context, close cooperation between the university of applied sciences and regional business is essential. Around 8,700 students can currently look forward to receiving a first-class education in technical and business disciplines. Alongside the classic field of engineering, Aachen University of Applied Sciences also offers degree programmes in business/economics and design. Offering 45 degree courses, the university employs 205 lecturers and some 400 members of staff. Aachen University of Applied Sciences also has its own campus in Jülich, which reflects the close bond established between the university and the Jülich Research Centre. Several years ago, the facility successfully introduced cross-border degree programmes in collaboration with Maastricht University. The Aachen-based department of the College of Music and Dance Cologne works closely with the Aachen Theatre and the Symphony Orchestra. No other educational offering in Germany is as hands-on as this. Around 170 students are enrolled on the course, as part of which they get to know the full range of orchestra instruments as well as other classical instruments. The programme also includes subjects such as texture and song. Finally, the city's academic portfolio includes the Aachen campus of the Catholic University of Applied Sciences NRW, which is home to 750 students. It evolved from the former Social School for Women, which had been founded in Cologne some 100 years earlier by Helene Weber. Located in such close proximity to the border, the Catholic University of Applied Sciences has teamed up with universities in Belgium and the Netherlands as part of the EU-funded Euregio Certificate programme. The Bachelor's degree course “Soziale Arbeit für Frauen in und nach der Familienphase BA” is the only one of its kind in Germany. Almost 15% of the 250,000+ people currently living in Aachen are students, and thus it comes as no surprise that the younger generation is so well represented throughout the city.

premier plan dans le domaine de la technique et dans le cadre d'un enseignement à orientation scientifique et économique. A côté des sciences classiques de l'ingénierie, l'école supérieure professionnelle d'Aix-la-Chapelle (FH Aachen) propose également des études de sciences économiques et de design. Le suivi des étudiants est assuré par 205 professeurs et 400 collaboratrices et collaborateurs dans le cadre de 45 programmes d'enseignement. A Jülich, la FH Aachen dispose de son propre campus. Elle est étroitement liée au centre de recherche de Jülich. L'école supérieure propose en outre depuis quelques années en commun avec la « Maastricht University » des programmes d'études internationaux.

Sur son site d'Aix-la-Chapelle, l'Ecole Supérieure de Musique et de Danse de Cologne (Hochschule für Musik und Tanz Köln) travaille en collaboration très étroite avec le théâtre d'Aix-la-Chapelle et l'orchestre symphonique. Une formation en prise aussi directe avec la pratique n'existe nulle part ailleurs en Allemagne. 170 étudiants environ reçoivent une formation sur tous les instruments de l'orchestre et sur de nombreux autres instruments classiques ainsi qu'en composition et en chant.

Enfin l'Université Catholique de Rhénanie du Nord – Westphalie vient compléter cette offre universitaire avec 750 étudiants sur son site d'Aix-la-Chapelle. Elle est issue de l'ancienne école sociale féminine (Soziale Frauenschule) qui fut fondée à Cologne par Hélène Weber il y a près de 100 années. L'Université Catholique a mis à profit la proximité des pays étrangers voisins et instauré des coopérations avec des écoles supérieures en Belgique et aux Pays-Bas dans le cadre du programme « certificat Euroregio » soutenu par l'Union Européenne. Le programme d'études de Bachelor « Travail social pour les femmes pendant et après la phase familiale » est unique en son genre en Allemagne.

15 % des près de 250.000 habitants d'Aix-la-Chapelle sont étudiants, ce qui est visible, et on rencontre partout dans la ville de nombreux jeunes gens.

Das Finanzamt an der Krefelder Straße.

The Inland Revenue Building on Krefelder Straße.

La perception dans la rue Krefelder Strasse.

Geschickte Verbindung von Alt und Neu: das Justizzentrum am Adalbertsteinweg.

Old and new in perfect harmony: The building of the Department of Justice on Adalbertsteinweg.

Une liaison réussie entre l'ancien et le nouveau : le centre de justice sur le chemin Aldalbert-Stein-Weg.

Die Tuchfabrik Becker ist der letzte Produzent hochwertiger Stoffe in Aachen. Hier ein Blick in die Weberei.

The Becker cloth factory is the last manufacturer of high-quality cloth in Aachen. Here, a view of the weaving area.

La Tuchfabrik Becker est aujourd'hui le dernier fabricant de tissus de très grande qualité à Aix-la-Chapelle. Ici, une vue de l'atelier de tissage.

Futuristische Architektur am Aachener Klinikum.

Futuristic architecture at Aachener Klinikum.

Architecture futuriste à l'hôpital d'Aix-la-Chapelle.

Aachen grenzenlos: das deutsch-niederländische Gewerbegebiet „Avantis".

Aachen knows no borders – the German-Dutch industrial estate "Avantis".

Aix-la-Chapelle sans frontières : la zone d'activités germano-hollandaise « Avantis ».

Das Technologiezentrum „Agit" am Europaplatz.

Technology park "Agit" at Europaplatz.

Le centre technologique « Agit », sur la place Europa.

Ein Blick in die Gießerei der RWTH Aachen.

View of the foundry of the RWTH Aachen.

Un coup d'œil dans la fonderie de l'école technique supérieure d'Aix-la-Chapelle (RWTH Aachen).

Der Talent, hergestellt in Aachen im Auftrag der Deutschen Bahn bei Bombardier Transportation Talbot.

"The Talent" was manufactured in Aachen for Deutsche Bahn by Bombardier Transportation Talbot.

Le Talent, fabriqué à Aix-la-Chapelle pour le compte de la Deutschen Bahn par Bombardier Transportation Talbot.

Das Café Madrid mitten im Pontviertel ist der Szene-Treff für die Aachener Studenten.

Café Madrid in the centre of the Pont district is a popular meeting point for Aachen students.

Le Café Madrid, au cœur du quartier Pont, est le lieu de rencontre branché des étudiants d'Aix-la-Chapelle.

Das Ponttor, eins der wenigen noch erhaltenen Doppeltore. Ehemaliges Stadttor spätes 13. Jh.

The Ponttor, one of the few remaining double gates, built during the 13th century.

Le porche Ponttor, l'un des rares porches doubles encore conservés. Ancienne porte de la ville, datant de la fin du 13ème siècle.

Die Pontstraße, Zentrum studentischen Lebens in Aachen, mit vielen Restaurants und Kneipen.

Pontstraße, frequented by Aachen's students, features an array of restaurants and pubs.

La rue Pontstraße, centre de la vie estudiantine à Aix-la-Chapelle, qui compte de nombreux restaurants et bistrots.

Schokolade, Printen, Marmelade – man isst gerne süß

Die bekannteste Aachener Spezialität ist die „Öcher Prent“ – die Aachener Printe. Jede Aachener Bäckerei hütet ihr süßes Printengeheimnis streng. Um die beste dieser handgemachten Spezialität zu finden, sollte man einfach probieren. Die Basis für alle Variationen, die in den vergangenen Jahrhunderten geschaffen wurden, ist die schlichte Kräuterprinte, deren Bestandteile Mehl, etwas Pottasche und Zuckerrübensirup mit einer geheimen Menge von Gewürzen angereichert werden. Der zähe Teig wurde bereits vor etwa 400 Jahren entwickelt und damals in flachen Holzmodeln zu unterschiedlichen Figuren geformt. Besonders in der Barockzeit waren die Modeln reich verziert, und die Printe wurde zum dekorativen Weihnachtsgebäck. Der Name für dieses Gebildegebäck kommt aus dem Niederländischen: Prenten heißt drucken.

Heute schneidet man aus großen Teigplatten meist die etwa 10 x 3 cm große Printenschnitte. Sie ist leichter zu verpacken und produktiver in ihrer Herstellung. Eine halbe Printenschnitte nennt man übrigens das „Möppchen“, und es werden in Aachen sogar Printenpralinen, das Konfekt, hergestellt.

Wahlweise gibt es Printen mit Nüssen, Mandeln, Schokolade, Zuckerguss, und je nach Anlass und Jahreszeit werden die Printen auch heute noch zu Figuren geformt. Es ist jedoch nie ein Grund für Reklamationen, wenn eine Printe hart – manche Bäcker sagen auch fest – ist. Daran erkennt man, dass sie frisch ist. Wer die Weichprinte bevorzugt, muss nicht nur etwas tiefer in die Tasche greifen, sondern muss sich auch für einen Schokoladenüberzug entscheiden. Dadurch

Chocolate, spiced cakes and jam – Aachen likes it sweet

The best known speciality of Aachen is the “Öcher Prent“ – the Aachener Printe, a type of spicy gingerbread. There are many different recipes, and Aachen's bakers keep the ingredients a close secret. When in Aachen, do as the Aacheners do. After all – the proof is in the eating! The plain “Kräuterprinte” forms the basis for the many different recipes currently in circulation. This standard Printe includes flour, a pinch of potash, some black treacle and a special mixture of spices. The thick dough was dreamt up more than 400 years ago and placed into flat wooden moulds to shape a variety of figures. During the baroque period, Printen were shaped into intricate designs and richly decorated for the Christmas season. The name “Printe” comes from the Dutch word “prenten”, which means “to press” (into moulds).

Nowadays, Printen are made from large slabs, which are cut into oblong shapes or slices of 10 x 3 cm – much easier to produce and pack. The so-called “Möppchen”, which is a half slice, and spicy sweetmeats are also great favourites.

The sweet delights can include a variety of different ingredients, such as nuts, almonds, chocolate and icing. For special occasions moulds are still used to create interesting shapes. Crunchy Printen are said to be the freshest. But bakers also cater to the tastes of customers who like their Printen soft – a privilege that costs a little extra and makes chocolate coating an absolute must. The coating helps

Chocolat, pain d'épices, confiture – on aime les douceurs à Aix-la-Chapelle

La spécialité la plus connue d'Aix-la-Chapelle est le pain d'épices, le « Öcher Prent » (Aachener Printe). Chaque boulangerie garde jalousement son secret de fabrication. Pour trouver le meilleur pain d'épices maison, il suffit de goûter. Toutes les variantes, créées au cours des siècles passés, sont toutes basées sur le simple pain aux herbes, dont les composants (farine, un peu de potasse et du sirop de betterave) sont agrémentés d'une quantité secrète d'épices. La pâte épaisse a été mise au point il y a environ 400 ans; à l'époque, elle était moulée selon différentes formes dans des moules en bois plats. A l'époque baroque en particulier, les moules étaient richement ornés et le pain d'épices est devenu un biscuit de Noël décoratif. Le nom de « Prent » vient du hollandais qui signifie presser. Aujourd'hui, on découpe généralement des morceaux de pain

Hier wurde Schokolade als Medizin verkauft, die Adler-Apotheke im heutigen Couven-Museum.

The Adler pharmacy in the Couven Museum, where once chocolate was given out on prescription.

Le chocolat y était vendu comme un remède : la pharmacie Adler, dans l'actuel musée Couven.

„Aachen hat eine lange Tradition als Industriestandort – insbesondere bei der Herstellung von Süßwaren. Dadurch gibt es ein großes Angebot an qualifizierten und motivierten Mitarbeitern. Dies ist für uns als Hersteller hochwertiger Schokoladenspezialitäten ein wichtiger Standortfaktor. Die Lage in der Euregio, das attraktive kulturelle Angebot sowie die offene und freundliche Mentalität der Aachener tragen dazu bei, dass sich Mitarbeiter aller Nationen hier wohl fühlen.
Um unseren Beitrag zur Attraktivität des Standorts Aachen zu leisten, tritt Lindt & Sprüngli gerne als Sponsor verschiedener kultureller Veranstaltungen auf."

"Aachen can look back on a long tradition as an industrial location, particularly where the production of confectionery is concerned. As a result, the city boasts a large number of highly qualified, motivated staff – an important factor for manufacturers of premium-quality chocolate specialities. The "Euregio" location, attractive cultural offerings, as well as an open mentality are vital ingredients when it comes to ensuring that members of staff from all over the world feel at home in Aachen. Committed to making a positive contribution to Aachen's appeal as a business centre, Lindt & Sprüngli act as sponsors to a number of cultural events."

« Aix-la-Chapelle possède une longue tradition de site industriel – notamment dans la fabrication de confiseries. Elle dispose donc d'un grand nombre de collaborateurs qualifiés et motivés. Pour nous, fabricants de spécialités chocolatières de grande qualité, c'est un facteur d'implantation important.La situation de la ville au cœur de l'Euregio, son offre culturelle passionnante ainsi que l'ouverture d'esprit et la convivialité des habitants font que les collaborateurs de toutes nations se sentent bien ici. Pour contribuer à l'attractivité d'Aix-la-Chapelle, Lindt & Sprüngli sponsorise avec plaisir différentes manifestations culturelles. »

Dr. Adalbert Lechner

**Dr. Adalbert Lechner,
Geschäftsführer
Lindt & Sprüngli Deutschland.**

**Dr. Adalbert Lechner
Managing Director
Lindt & Sprüngli Germany.**

**Dr. Adalbert Lechner
Directeur
Société Lindt & Sprüngli
Allemagne.**

wird verhindert, dass die Feuchtigkeit, die der Weichprinte in einem Dampfschrank zugeführt wird, wieder entweicht. Übrigens, die Honigprinte ist eine Variante der Neuzeit und nicht traditionell. Eine echte Printe wird mit Zucker gesüßt. Dafür ist sie allerdings ganz sicher fettfrei.

Selbstverständlich kann man in jeder Aachener Bäckerei ganzjährig Printen kaufen. Deutschlandweit gibt es Öcher Printen meist nur in der Weihnachtszeit zu kaufen. Die Firma Lambertz, deren Vorfahren bereits 1688 am Aachener Markt ein Backhaus eröffnen durften, stellt sie dann in großen Mengen her. Hier wird das Aachener Traditionsgebäck außerdem in 40 Länder exportiert.

to contain the moisture, which is added by means of a so-called "steam cabinet". By the way, Printen sweetened with honey are based on a modern-day recipe. The "real" Printe is sweetened with sugar – but it does not contain fat!

In Aachen, the spiced cakes are of course available all year round. Throughout the rest of Germany traditional Aachener Printen are only available for the Christmas season. Lambertz, a company which can trace its operations back to 1688, when it was given permission to open a baking house at Aachener Markt, produces vast quantities of the traditional spiced cakes for Christmas, either to be

d'épices appelés « Printenschnitte » d'environ 10 x 3 cm à partir de grandes plaques de pâte. Ils sont plus faciles à emballer et leur fabrication est plus productive. Un demi-morceau s'appelle un « Möppchen », et on fabrique même à Aix-la-Chapelle des mini-pains d'épices, les « Konfekt ». Les pains d'épices existent aux noix, aux amandes, au chocolat, au sucre glace ; selon l'occasion et la saison, les pains d'épices sont encore moulés en figurines de nos jours. Il faut toutefois savoir qu'un pain d'épices dur – certains boulangers disent « compact » – n'est jamais un motif de réclamation. C'est à cela qu'on voit qu'il est frais. Si l'on préfère le pain d'épices mou, il faudra débourser un peu plus et choisir un nappage au chocolat. Celui-ci empêche l'évaporation de l'humidité ajoutée au pain d'épices dans une armoire à vapeur. Au fait : le pain d'épices au miel est une variante moderne et non pas traditionnelle. Un vrai pain d'épices est sucré au sucre. En retour, il est garanti sans graisse. Naturellement, on peut acheter des pains d'épices toute l'année dans n'importe quelle boulangerie d'Aix-la-Chapelle. Dans le reste de l'Allemagne,

Nicht nur Printen essen die Aachener gerne. Auch Marmelade und Schokolade stehen hoch im Kurs:

Die Firma Zentis ist weltweit einer der größten Produzenten für süße Brotaufstriche und Fruchtmischungen. Schokoriegel und Backfüllungen ergänzen das süße Programm. Die Firma Trumpf steht für Schokolade aus Aachen. Sie hat ihre Wiege in der Adler-Apotheke, die man im Couven-Museum am Hühnermarkt besichtigen kann. Leonhard Monheim produzierte dort schon vor etwa 160 Jahren die Schokolade als verschreibungspflichtiges Medikament gegen Durchfallerkrankungen und Nervosität. Als Trumpf-Schogetten hat diese Medizin dann die deutschen Supermarkt-Regale erobert. Außerdem hat sich die Firma Lindt & Sprüngli in Aachen angesiedelt. Sie wissen schon, die berühmten Goldhasen mit dem Glöckchen. In jedem Jahr sind es 22 Millionen, die in Aachen „geboren" werden.

Moderne Produktionsanlagen für Süßes mit Tradition: Firma Zentis.

State-of-the-art production facilities with a "sweet" tradition – Zentis.

Installations de production modernes pour la confiserie de tradition : la société Zentis.

enjoyed in Germany or to be exported to 40 countries worldwide.

But Aachen is not only known for its Printen. Jams and many different varieties of chocolate also abound. Zentis is one of the world's foremost producers of sweet sandwich spreads, jams and marmalades. Chocolate bars and baking ingredients are also produced here. The name Trumpf has become synonymous with Aachen chocolate. Leonhard Monheim first produced chocolate at Adler pharmacy as early as 160 years ago. In those days, it was only available on prescription and used as a remedy for diarrhoea and nervous tension. Those were the very beginnings of Trumpf, which can be retraced at the Couven Museum in Hühnermarkt. Much later Trumpf's chocolate "medicine" conquered the shelves of supermarkets in the form of "Schogetten", small squares of chocolate. Alongside Trumpf, the well-known chocolate manufacturer Lindt & Spüngli also established itself in Aachen. That's right – the makers of the famous Easter bunny wrapped in gold foil with a little bell around its neck. More than 22 million bunnies are created here in Aachen each year for the Easter season.

on ne trouve en général le « Öcher Printen » qu'à la période de Noël. La société Lambertz, dont les ancêtres avaient ouvert un four dès 1688 sur le marché d'Aix-la-Chapelle, les fabrique alors à grande échelle, exportant ce biscuit traditionnel dans 40 pays.

Les habitants d'Aix-la-Chapelle n'aiment pas seulement déguster du pain d'épices. La confiture et le chocolat ont eux aussi la cote :

La société Zentis est l'un des plus grands producteurs mondiaux de confiture, de pâte à tartiner et de mélanges de fruits. Les barres chocolatées et les fourrages de pâtisseries viennent compléter sa gamme sucrée. La société Trumpf, quant à elle, est synonyme de chocolat à Aix-la-Chapelle. Elle a vu le jour dans la pharmacie Adler, que l'on peut visiter au musée Couven, sur le Hühnermarkt. Leonhard Monheim y fabriquait déjà du chocolat il y a 160 ans environ, comme médicament vendu uniquement sur ordonnance contre la diarrhée et la nervosité. Ce médicament a ensuite conquis les rayons des supermarchés allemands sous le nom de « Trumpf-Schogetten ». D'ailleurs, la société Lindt & Sprüngli s'est également implantée à Aix-la-Chapelle. Vous savez, les fameux lapins dorés à clochette ! Chaque année, 22 millions d'entre eux s'éveillent à Aix-la-Chapelle.

„Seit vielen Generationen verbinden die Menschen wunderbare Erinnerungen an die Kindheit mit dem glitzerndem Weihnachtsbaum und den würzig duftenden Printen. Wie der Dom oder Karl der Große ist dieses spezielle Gebäck untrennbar mit der Tradition der Stadt Aachen verknüpft. Henry Lambertz buk hier 1688 die ersten Printen, andere Lambertz-Nachfahren erfanden die erste süße und später die erste Schokoladenprinte. Von hier aus trat sie ihren Siegeszug über die Grenzen Deutschlands hinaus an, machte Könige, Bürger und Kinder glücklich und damit Aachen nicht nur als Kaiser-, sondern auch als Printenstadt weltbekannt."

"For many generations, memories of a happy childhood have been connected with christmas trees bathed in bright lights and the lovely smell of spicy gingerbread. Like the cathedral and the name of Charlemagne, the tasty spice cakes are very much part of the tradition of Aachen. The first Printen were baked by Henry Lambertz in 1688; generations to follow created a choice of sweet and chocolate Printen. The delicious cakes were soon to become great favourites beyond the borders of Germany and enjoyed by the great and mighty, as well as ordinary folk and of course by the children. Thus the world does not only know Aachen as the city of Charlemagne but also as the city of Printen."

« Depuis de nombreuses générations déjà, de merveilleux souvenirs d'enfance sont liés pour beaucoup d'entre nous à l'arbre de Noël scintillant et au parfum épicé des Printen, ces petits pains d'épices d'Aix-la-Chapelle. Comme la cathédrale ou Charlemagne lui-même ce biscuit spécial est inséparablement lié à la tradition de la ville d'Aix-la-Chapelle. C'est ici que Henry Lambertz prépara les premiers Printen en 1688, d'autres descendants de Lambertz inventèrent ensuite les premiers Printen sucrés et, plus tard, les premiers Printen au chocolat. C'est en partant d'ici qu'ils ont entrepris leur marche victorieuse par-delà les frontières de l'Allemagne, qu'ils ont fait le bonheur de rois, de citoyens et d'enfants et qu'ils ont fondé la célébrité d'Aix-la-Chapelle non seulement en tant que cité impériale mais aussi comme la ville des Printen. »

Dr. Hermann Bühlbecker

Dr. Hermann Bühlbecker, Inhaber der Firma Lambertz.

Dr. Hermann Bühlbecker, Owner of the Lambertz company.

Dr. Hermann Bühlbecker, Propriétaire de la société Lambertz.

Printen-Möppchen mit Mandeln verzieren ist Handarbeit bei der Firma Lambertz.

At Lambertz, the decorating of "Printen-Möppchen" spiced cakes with almonds is performed by hand.

Décoration à la main des pains d'épices avec des amandes dans l'entreprise Lambertz.

Mandel für Mandel werden die Aachener Printenmänner liebevoll verziert.

Spiced gingerbread men from Aachen are lovingly decorated with almonds.

Amande après amande, les bonshommes en pain d'épices sont décorés avec amour.

Printen gibt es zu jeder Gelegenheit: hier zum Aachener Reitturnier.

Spiced cakes from Aachen are a great favourite on all occasions – here at the Aachen equestrian tournament.

Il existe des pains d'épices pour chaque occasion : ici, pour le tournoi d'équitation d'Aix-la-Chapelle.

Das Couven-Museum am Hühnermarkt, Bürgerhaus von 1786 von Jakob Couven.

Couven Museum at Hühnermarkt; town residence designed by architect Jakob Couven in 1786.

Le musée Couven sur le Hühnermarkt, maison bourgeoise de Jakob Couven datant de 1786.

Die Adler-Apotheke von Andreas Monheim im Couven-Museum ist die Wiege der Aachener Schokoladenindustrie.

The history of Aachen's chocolate industry can be traced back to the Adler pharmacy of Andreas Monheim (Couven Museum).

La pharmacie Adler d'Andreas Monheim, au musée Couven, est le berceau de l'industrie chocolatière d'Aix-la-Chapelle.

Aachen feiert gerne F(f)este

Aachen feiert gern und hat stets einen vollen Terminkalender. „Festäng en Oche", und nicht nur die Aachener gehen dort hin. Die idyllische Aachener Altstadt bietet sich an, Märkte zu veranstalten, und so findet nicht nur zweimal wöchentlich ein Markt statt, samstags ist außerdem Bio-Markt am Münsterplatz. Neben Flohmärkten und Kunst- und Handwerkermärkten ist vor allem der Aachener Weihnachtsmarkt zu einem Hit im In- und Ausland geworden. Bis zu 1,5 Millionen Besucher, zum Teil sogar Ausflügler aus Großbritannien, zieht dieser Markt in jedem Jahr an.

Neben den zahlreichen Märkten gibt es im September während des „SeptemberSpecial" ein reichhaltiges Kulturprogramm mit Konzerten für jeden Geschmack auf dem Markt, dem Hof, dem Münsterplatz und dem Katschhof. Die ganze Stadt wird zu einer Bühne. Das Beste daran: Alle Konzerte sind für die Besucher kostenlos. An einem lauen Spätsommerabend erlebt man eine einmalige Atmosphäre mit Rock, Pop, Jazz und Klassik-Konzerten, am liebsten an einem warmen Sommerabend. Ergänzt wird das Kulturprogramm durch weitere Kleinkunstveranstaltungen in der gesamten Altstadt. Der Aachener liebt es gemütlich, und deshalb kann man hier überall draußen sitzen und Aachen pur genießen.

Zweimal im Jahr findet außerhalb des Stadtzentrums der Öcher Bend, die Großkirmes auf dem Bendplatz an der Roermonder Straße, statt. Ein buntes und lautes Spektakel! Idyllischer geht es auf dem historischen Jahrmarkt in Kornelimünster zu, der sich seit einigen Jahren erfolgreich etabliert hat. Dank dem reichen Fundus aus dem Museum des Zirkus Roncalli können die Besucher auf einem hundert Jahre alten Karussell fahren

Getting in the festive mood

Aachen likes to celebrate, and its events calendar is always full; festivals are well supported by locals and visitors alike. The idyllic old town lends itself perfectly to markets, two of which are held every week. On Saturdays, organic products are sold on Münsterplatz. Flea markets, arts and crafts fairs and above all the Christmas market attract people from far and wide. Up to 1.5 million visitors, some of whom fly over from the UK, come to this market every December.

Along with the various markets, the month of September offers a rich and varied cultural programme as part of the "SeptemberSpecial", including concerts to suit every taste. The entertainment takes place at the Markt, the Hof, Münsterplatz and Katschhof. The unique setting on a warm evening in late summer is ideal to enjoy a rock, pop, jazz or classical concert. An added bonus: all concerts are free of charge. Other art events are also held elsewhere in the old town. Aacheners like a relaxed, informal atmosphere, so there are always seats aplenty outside – all the better to take in the surroundings.

Away from the city centre, a large fair called the Öcher Bend takes place twice a year at Bendplatz on Roermonder Strasse. There's a lot going on – and it's noisy! Those with more sedate tastes can always visit the traditional annual market in Kornelimünster, which has enjoyed

Der Öcher Bend ist zweimal pro Jahr Aachens größte Kirmes.

"Öcher Bend", Aachen's largest fair offers fun-filled entertainment twice a year.

Le « Öcher Bend » : la plus grande fête foraine d'Aix-la-Chapelle a lieu deux fois par an.

Aix-la-Chapelle aime la fête

Aix-la-Chapelle a toujours un agenda festif bien rempli, sous l'appellation « Festäng en Oche », et les festivités n'attirent pas seulement les locaux. La vieille ville pittoresque est parfaite pour accueillir les marchés, qui ont lieu deux fois par semaine, sans oublier le marché bio le samedi sur la Münsterplatz. Outre les marchés aux puces et les marchés d'art et d'artisanat, c'est surtout le marché de Noël d'Aix-la-Chapelle qui connaît un grand succès en Allemagne comme à l'étranger. Chaque année, il attire jusqu'à 1,5 million de visiteurs, dont certains viennent même de Grande-Bretagne.

Parallèlement aux nombreux marchés, la ville propose en septembre dans le cadre du « SeptemberSpecial » un riche programme culturel avec des concerts pour tous les goûts donnés sur le marché, dans la cour, sur la place de la cathédrale et dans le « Katschhof ». Toute la ville se transforme en espace scénique. Et, ce qu'il y a de mieux, tous les concerts sont gratuits pour les visiteurs. Dans la douceur d'une soirée de fin d'été on y trouve une atmosphère unique avec des concerts de rock, de pop, de jazz et de musique classique. Le programme culturel est complété par d'autres manifestations artistiques dans toute la vieille ville. Les habitants d'Aix-la-Chapelle aiment la convivialité, on peut donc s'asseoir partout à l'extérieur et savourer pleinement la ville.

Deux fois par an, la grande fête foraine, la « Öcher Bend », se tient en dehors du centre-ville, sur la Bendplatz, en bordure de la Roermonder Straße. C'est un spectacle haut en couleurs et en clameurs ! Le marché historique annuel de Kornelimünster, qui s'est établi avec succès depuis quelques années, est pour sa part plus idyllique. Grâce au riche fonds issu du musée du cirque Roncalli, les visiteurs peuvent monter sur un manège centenaire et admirer les acrobates et les anciens métiers.

Un prix pour l'Europe – le Prix Charlemagne

La remise du « Prix international Charlemagne de la ville d'Aix-la-Chapelle » est devenu aujourd'hui une fête populaire. Le Prix Charlemagne a été créé dès 1949, juste après la Seconde

und Akrobaten und alte Handwerke bestaunen.

Ein Preis für Europa – der Karlspreis

Zu einem Volksfest hat sich inzwischen die Verleihung des „Internationalen Karlspreis zu Aachen“ entwickelt. Der Karlspreis wurde 1949, also bereits kurz nach dem Zweiten Weltkrieg, von Aachener Bürgern ins Leben gerufen, die damit die Einheit, den Frieden und die Freiheit in Europa fördern wollten. Logisch, dass der erste Karlspreisträger 1950 Richard Graf Coudenhove-Kalergi, der Gründer der Paneuropa-Bewegung, wurde. Ihm sind seitdem viele internationale Größen der Weltpolitik gefolgt, darunter Henry Kissinger, Bill Clinton, Vaclav Havel und Bronislaw Geremek. Gekrönte Häupter wurden mit dem Karlspreis ausgezeichnet, darunter der spanische König Juan Carlos und die niederländische Königin Beatrix. Helmut Kohl bekam ihn gemeinsam mit François Mitterrand, Angela Merkel wurde Karlspreisträgerin 2008. Im Jahr 2010 war es der polnische Ministerpräsident Donald Tusk, dessen unermüdliches Werben für Europa im eigenen Land gewürdigt wurde. Angela Merkel hielt seine Laudatio. Außerdem bekam Papst Johannes Paul

considerable success since it was established a few years ago. Thanks to the museum of Circus Roncalli, visitors can ride on a one hundred-year-old carousel, enjoy the skills of seasoned acrobats or marvel at the fine traditional craftsmanship on display.

An award for Europe – the Charlemagne Award

The annual presentation of the “Internationaler Karlspreis zu Aachen“ (Charlemagne Prize) has developed into a major public event. The Charlemagne Award was inaugurated by citizens of Aachen in 1949, shortly after the end of the Second World War, to promote unity, peace and freedom in Europe. It was fitting, then, that the first recipient of the award in 1950 was Count Richard Coudenhove-Kalergi, the founder of the Pan-European Movement. He has been followed by many prominent international figures, including Henry Kissinger, Bill Clinton, Vaclav Havel and Bronislaw Geremek. Monarchs have also been honoured with the award, among them King Juan Carlos of Spain and Queen Beatrix of the Netherlands. The roll-call also includes Helmut Kohl and François Mitterrand (joint recipients); Angela Merkel was awarded the Charlemagne

Guerre mondiale, par des citoyens de la ville qui voulaient promouvoir l’unité, la paix et la liberté en Europe. Il était donc logique que le premier lauréat du Prix Charlemagne soit décerné en 1950 à Richard Graf Coudenhove-Kalergi, le fondateur du Mouvement Paneuropéen. Beaucoup de grandes pointures de la politique internationale lui ont succédé, dont Henry Kissinger, Bill Clinton, Vaclav Havel et Bronislaw Geremek. Le Prix Charlemagne a été décerné à des têtes couronnées, parmi celles-ci le roi d’Espagne Juan Carlos et la reine Beatrix des Pays-Bas. Helmut Kohl l’a reçu en commun avec François Mitterrand, Angela Merkel fut la lauréate du Prix Charlemagne en 2008. En 2010 il fut attribué à Donald Tusk, le premier ministre polonais, pour rendre hommage à son engagement infatigable dans son pays en faveur de l’Europe. Le discours d’éloge fut prononcé par Angela Merkel. Par ailleurs, le pape Jean-Paul II a reçu en 2004 un Prix Charlemagne exceptionnel créé spécialement pour lui et pour son engagement qui a conduit à l’ouverture pacifique du Rideau de Fer. Traditionnellement, le Prix Charlemagne est décerné le jour de l’Ascension dans la Salle du Couronnement de l’hôtel de ville d’Aix-la-Chapelle. Pour le pape, une délégation de la ville avait fait le voyage à Rome pour remettre le Prix : en quelque sorte sur les traces de Charlemagne, les habitants d’Aix-la-Chapelle ne venaient cette fois pas y chercher un titre d’empereur, mais y apportaient leur plus haute distinction. Le Prix Charlemagne

„Der Öcher feiert gerne! Ja, das kann ich unterstreichen. Egal, was für Wetter ist, die Aachener tragen die Sonne im Herzen und lassen sich die Stimmung nicht vermiesen. Viele Veranstaltungen habe ich als Organisator und Moderator von solchen Festen rund um Dom und Rathaus erleben dürfen. Dort entsteht diese wunderbare Mischung aus Historie, Öcher Lebensart und Stolz auf diese Stadt, bei der sich die Ureinwohner – die Öcher – und alle ‚Zugereisten‘, die sie offen und ungezwungen in ihre Mitte holen, zu Hause fühlen. Schön ist das!“

“The People of Aachen love a celebration, and that’s a fact! They don’t care about the weather, because they carry the sun in their hearts and nothing can spoil their enjoyment. I have been lucky enough to act as organizer or presenter for many festivities held outside the Cathedral or the Town Hall. I was able to witness an exciting mixture of a sense of history, pride and the laid-back lifestyle of the people of Aachen. It is the main ingredient of a unique atmosphere which embraces everybody alike – the people born and bred in Aachen and those who come as visitors and decide to stay.“

« L’Aixois aime à faire la fête ! Oui vraiment je peux le dire. Quel que soit le temps, les Aixois portent le soleil dans leur cœur et ne se laissent pas gâcher leur humeur. J’ai participé à de nombreuses fêtes de ce type, comme organisateur et meneur de jeu, tout autour de la cathédrale et de l’hôtel de ville. On y voit naître ce mélange merveilleux d’histoire, de style de vie aixois et de fierté de cette ville, une ambiance dans laquelle tous les autochtones – les « Öcher » – et tous les « nouveaux arrivants » qu’ils intègrent ouvertement et sans complication se sentent chez eux. C’est beau, ça ! »

Uwe Brandt

Uwe Brandt, Intendant am Grenzlandtheater.

Uwe Brandt, Director of Grenzlandtheater.

Uwe Brandt, Intendant au Théâtre Grenzlandtheater.

II. 2004 einen außerordentlichen Karlspreis, der eigens für ihn und sein Engagement, das zur friedlichen Öffnung des eisernen Vorhangs geführt hatte, geschaffen worden war. Traditionell wird der Karlspreis am Himmelfahrtstag im Krönungssaal des Aachener Rathauses verliehen. Für den Papst reiste eine Aachener Delegation nach Rom, um den Preis zu überreichen. Sozusagen auf den Spuren Karls des Großen, holten die Aachener zwar dort keinen Kaisertitel ab, sondern brachten ihre höchste städtische Auszeichnung dorthin. Der Karlspreis ist nicht sehr hoch dotiert. Der Preisträger bekommt eine Medaille im Wert von etwa 2.500 Euro und einen entsprechenden Geldbetrag aus der Karlspreisstiftung. Über den jeweiligen Karlspreisträger entscheidet das unabhängige Karlspreis-direktorium.

Der Karlspreis ist mit einem Volksfest in der Innenstadt verbunden. Auf dem Katschhof feiern die Aachener unter dem Motto „Vür sönd Europa" (Wir sind Europa) mit, und der Karlspreisträger hält, außerhalb der Zeremonie im Rathaus, dort eine kurze Ansprache.

Zwei Tage vorher wird der „kleine Karlspreis" verliehen. Der „Europäische Jugendkarlspreis" soll zur Entwicklung eines europäischen Bewusstseins unter jungen Europäern beitragen. Es werden Projekte zur Förderung von Verständigung und Zusammenleben in Europa ausgezeichnet. Der Preis wird gemeinsam vom Europäischen Parlament und der Stiftung Internationaler Karlspreis zu Aachen verliehen.

Mit der Karlsmedaille für europäische Medien wird außerdem eine Persönlichkeit oder Organisation geehrt, die sich auf dem Gebiet der Medien um die Idee vereintes Europa verdient gemacht hat. Einige Preisträger sind: Reporter ohne Grenzen, der Journalist Fritz Pleitgen, der Regisseur Jean-Jaques Annaud und die Stiftung der Berliner Philharmoniker.

Der seit 1988 verliehene Aachener Friedenspreis ehrt weltweites Engagement für Frieden und Freiheit. Jeweils ein Preisträger aus Deutschland wird gleichzeitig mit

Prize in 2008. In 2010, the Polish Prime Minister received the prize for his unceasing efforts of promoting the concept of a United Europe to the people of Poland. He was presented with the award by Angela Merkel. In 2004, Pope John Paul II was given a special Charlemagne Award for his tireless commitment to the peaceful dismantling of the Iron Curtain. Traditionally, the Charlemagne Award is awarded on Ascension Day in the Coronation Hall in the town hall; for the Pope, a special delegation travelled from Aachen to Rome to bestow the award. In so doing, they were retracing the steps of Charlemagne, although instead of being conferred the imperial title by the pontiff as in the emperor's day, they brought with them their city's highest honour. Although prestigious, the Charlemagne Award is not financially valuable; the recipient receives a medal worth around 2,500 euros and a sum of money from the Charlemagne Award Foundation. An independent board of directors selects the recipients of the award.

A festival is held in the city centre at the same time as the award ceremony. The public join in the celebrations held in Katschhof – the motto being "We are Europe" –, and the recipient gives a short speech outside the town hall, where the ceremony is held.

The "small" Charlemagne Prize is awarded two days prior to the main event. The rationale behind the European Charlemagne Youth Prize is to promote a sense of European awareness among the region's younger population. The award is presented in recognition of projects aimed at fostering integration and dialogue throughout Europe. The Prize is awarded by the European Parliament together with the Foundation of the International Charlemagne Prize of Aachen. Additionally, the Charlemagne Prize for European Media honours individuals or organisations that have made an outstanding contribution to the vision of a united Europe. Among those presented with this award are Reporters sans Frontières, the journalist Fritz Pleitgen, the film director Jean-Jaques Annaud and the Berlin Philharmonic Foundation. Introduced in 1988, the Aachen Peace Prize is awarded in recognition of

n'est pas très richement doté. Le lauréat reçoit une médaille d'une valeur d'environ 2500 euros et une somme d'argent équivalente provenant de la Fondation du Prix Charlemagne. C'est un comité indépendant qui désigne le lauréat.

Le Prix Charlemagne est lié à une fête populaire au cœur de la cité. Les habitants d'Aix-la-Chapelle célèbrent sur la place du Katschhof une fête placée sous le thème « Vür sond Europa » (Nous sommes l'Europe) et le lauréat du Prix Charlemagne y fait une courte allocution en dehors de la cérémonie à l'Hôtel de Ville.

Deux jours auparavant a lieu l'attribution du « petit Prix Charlemagne ». Le « Prix Charlemagne européen de la Jeunesse » doit contribuer à une prise de conscience européenne parmi les jeunes Européens. Il récompense des projets destinés à promouvoir la compréhension et la cohabitation en Europe. Le Prix est décerné en commun par le Parlement européen et la Fondation du Prix International Charlemagne d'Aix-la-Chapelle.

Die Karlspreismedaille mit handgestickten Adlern auf gelbem Band, Entwurf Josef Zaun.

The Charlemagne Award depicting a design of eagles on a yellow band, embroidered by hand, following a design by Josef Zaun.

La médaille du Prix Charlemagne, avec des aigles brodés à la main sur un ruban jaune, projet de Josef Zaun.

Bill Clinton, amerikanischer Präsident und Karlspreisträger 2000.

Bill Clinton, President of the United States of America, received the Charlemagne Award in 2000.

Bill Clinton, Président américain et lauréat du Prix Charlemagne en l'an 2000.

einem internationalen Preisträger ausgezeichnet. Es sind meist Menschen, die mit viel Mut und Engagement an der Basis für ihre Idee von Frieden und Gerechtigkeit kämpfen.

Bloß nicht tierisch ernst sein

Natürlich wird in Aachen, das schließlich zum Rheinland gehört, kräftig Karneval gefeiert, denn auch die Aachener werden mit einer „Pappnas“ geboren. In über 100 Vereinen und Organisationen sind die Aachener Jecken organisiert. Herausragend ist hier der „Orden wider den tierischen Ernst“, der seit 1950 vom AKV, dem Aachener Karnevals-Verein, an Persönlichkeiten des öffentlichen Lebens verliehen wird, die sich durch Humor in ihren Ämtern auszeichnen. Die Ordensverleihung findet im Europasaal des 1977 fertiggestellten Eurogress, dem Kongresszentrum, statt. Im Aachener Narrenkäfig müssen die Ordensritter öffentlich, im deutschen Fernsehen übertragen, ihren Humor unter Beweis stellen. Darunter sind so bekannte Persönlichkeiten wie die Alt-Bundespräsidenten Walter Scheel und Johannes Rau, Ex- Minister Norbert Blüm, die Ministerpräsidentin von Schleswig-Holstein, Heide Simonis, Ex-Minister Hans-Dietrich Genscher und der Bremer Bürgermeister Henning Scherf.

Zum 150jährigen Jubiläum des AKV wurde es besonders lustig: Schauspielerlegende Mario Adorf stieg als rheinischer Clown in die Bütt, nicht in den Narrenkäfig, der war dem Jungen aus der Eifel zu eng.

efforts to promote peace and freedom at a global level. Among those honoured are a laureate from Germany alongside one from another country. The focus is on individuals who have demonstrated great courage and commitment in pursuing their vision of peace and justice.

The importance of not being too earnest

It's worth remembering that Aachen is part of the festival-loving Rhineland. Aacheners therefore go in for carnivals in a big way; after all, why should they miss out on all the fun? Indeed, there are over 100 local clubs and associations dedicated to carnival activities. Of particular note is the Medal for Combating Deadly Seriousness, which has been awarded since 1950 by the Aachen Carnival Association (AKV) to public figures who have displayed a sense of humour while performing their duties. The award ceremony takes place in the Europasaal hall at Eurogress, the conference centre built in 1977. In the Aachen birdcage, the medal-winners must publicly (the event is broadcast on German television) put their sense of humour to the test. Previous recipients of the award include former presidents Walter Scheel and Johannes Rau, ex-minister Norbert Blüm, prime minister of Schleswig-Holstein Heide Simonis, ex-minister Hans-Dietrich Genscher and Mayor of Bremen Henning Scherf.

The 150th anniversary of the Aachen Carnival Association (AKV) was great fun: Eifel-born actor and legend Mario Adorf dressed up as a Rhenish clown and entertained everyone with his antics.

La Médaille Charlemagne pour les médias européens récompense en outre une personnalité ou une organisation pour les mérites qu'elle a acquis dans le domaine des médias en faveur de l'idée d'une Europe unie. Citons ici quelques lauréats de ce prix : Reporters sans frontières, le journaliste Fritz Pleitgen, le metteur en scène Jean-Jacques Annaud et la Fondation de la Philharmonie de Berlin.

Le Prix de la Paix de la ville d'Aix-la-Chapelle qui est décerné depuis 1988 rend hommage à un engagement mondial pour la paix et la liberté. Ce prix est décerné simultanément à un lauréat d'Allemagne et à un lauréat international. Il s'agit, pour la plupart, de personnes qui ont lutté « d'en bas » avec beaucoup de courage et d'engagement pour leur idée de la paix et de l'équité.

Surtout ne pas trop se prendre au sérieux

Naturellement, on fête copieusement le carnaval à Aix-la-Chapelle, qui – ne l'oublions pas – fait partie de la Rhénanie ; car les locaux sont eux aussi nés avec un nez en carton ! Les bouffons sont organisés dans plus de 100 associations. Le club carnavalesque AKV décerne depuis 1950 « l'ordre contre le sérieux abominable » à des personnalités de la vie publique qui se distinguent par leur sens de l'humour dans le cadre de leurs fonctions. La remise de ce prix a lieu dans l'Europasaal de l'Eurogress, centre de congrès dont la construction a été achevée en 1977. Dans la « cage aux bouffons » d'Aix-la-Chapelle, les chevaliers de l'ordre doivent faire la preuve de leur humour en public, une prestation retransmise à la télévision allemande. Des personnalités célèbres sont passées sur le grill, comme les anciens présidents allemands Walter Scheel et Johannes Rau, l'ancien ministre Norbert Blüm, la ministre-présidente du land de Schleswig-Holstein, Heide Simonis, l'ancien ministre Hans-Dietrich Genscher et le maire de Brême, Henning Scherf.

La cérémonie organisée à l'occasion du 150ième anniversaire de l'association du carnaval d'Aix-la-Chapelle (AKV) fut particulièrement drôle : Mario Adorf, acteur légendaire, monta en scène dans le rôle d'un clown rhénan. Mais il n'entra pas dans la cage traditionnelle, le « Narrenkäfig », trop étroite pour la carrure de ce « gars de la région de la Eifel ».

Karlspreisträger Pat Cox (2004), ein Prost mit Oberbürgermeister Dr. Jürgen Linden. Rechts: Bundeskanzlerin Angela Merkel mit ihrem Laudator Präsident Nicolas Sarkozy 2008.

Pat Cox, recipient of the Charlemagne Award in 2004, is congratulated by Mayor Dr. Jürgen Linden. Right: Chancellor Dr. Angela Merkel, honoured by President Nicolas Sarkozy in 2008.

Pat Cox, lauréat du Prix Charlemagne (2004), trinque avec le Premier Maire, Dr. Jürgen Linden. A droite : la Chancelière fédérale Angela Merkel avec le Président Nicolas Sarkozy qui était chargé de tenir son discours d'éloge en 2008.

Ein Bad in der Menge für Karlspreisträger Dr. Andrea Riccardi, Gründer von Sant'Egidio, 2009.

Goes walkabout: The recipient of the 2009 Charlemagne Prize, Dr. Andrea Riccardi, founder of the Community of Sant'Egidio.

Un bain de foule pour le lauréat du Prix Charlemagne 2009, le Dr. Andrea Riccardi, fondateur de Sant'Egidio.

Wochenmarkt am Karlsbrunnen auf dem Aachener Marktplatz.

Weekly market at Karlsbrunnen, Aachener Marktplatz.

Marché hebdomadaire autour de la fontaine Karlsbrunnen, sur la place du marché d'Aix-la-Chapelle.

Gut behütet: der Kunst- und Handwerkermarkt ist ein Publikumsmagnet.

The arts and crafts market is a great favourite with the public.

Le marché d'art et d'artisanat attire les foules.

Accros the Borders, ein Grenzen überschreitendes Kulturfestival, hier mit Spaßvogel Peter Gabriel.

Loves to make people laugh: Peter Gabriel at the cultural festival "Across the Borders".

« Accros the Borders », un festival culturel transgressant des frontières, ici avec le fantaisiste Peter Gabriel.

Bühne frei für Rock, Pop oder Klassik auf dem Katschhof: Das SeptemberSpecial.

The SeptemberSpecial at Katschhof Aachen includes a programme packed with rock, pop or classical music.

Place au rock, au pop ou à la musique classique sur la place du Kaschhof : le « SeptemberSpecial ».

Dirk von Pezold als „Lennet Kann", ein Aachener Original.

Dirk von Pezold playing the part of "Lennet Kann", an Aachen original.

Dirk von Pezold en tant que « Lennet Kann », un original de la ville.

Ordenssitzung „Wider den tierischen Ernst" des AKV im Eurogress.

Carnivalistic entertainment by the AKV at Eurogress, true to the motto "Wider den tierischen Ernst!"

Réunion de « l'ordre contre le sérieux abominable » du club carnavalesque AKV à l'Eurogress.

Buntes Treiben beim Öcher Fastelovvend – oder Hochdeutsch, dem Aachener Karneval, von links oben: der Rosenmontagszug, die Prinzengarde, Weiberfastnacht. Unten: der Kinderzug, Schwof im Eurogress und die Alternative, der Strunx.

Öcher Fastelovvend or simply "Carnival in Aachen". From left to right: Rosenmontag parade; prince's carnival guard; and "women only" Weiberfastnacht. Below: The children's parade; and dancing at Eurogress or Strunx.

Animation colorée au carnaval d'Aix-la-Chapelle (« Öcher Fastelovvend ») ; en haut à gauche : défilé de chars du lundi précédant le Mardi Gras, la garde du prince, Mardi Gras. En bas : le défilé des enfants, bal à l'Eurogress et son alternative, le Strunx.

Aachen macht Theater und gibt sich museal

Immer schon gehörte es zum guten Ton einer Kur- und Badestadt, ihren Einwohnern und Gästen kulturell etwas zu bieten. Seit 1825 garantiert das Theater Aachen beste Live-Unterhaltung in Oper, Operette, Musical und Schauspiel. An 330 Tagen im Jahr öffnet sich der Vorhang. Die Musikaufführungen werden vom „sinfonieorchester Aachen“ begleitet, das zu den ältesten Sinfonieorchestern Deutschlands gehört. Neben den Verpflichtungen im Theater gibt das Orchester jährlich ein eigenes Konzertprogramm heraus. Die Konzerte werden im Europasaal des Aachener Eurogress gespielt. Herbert von Karajan hatte in den dreißiger Jahren seine erste feste Dirigentenstelle in Aachen. Nach dem Krieg wirkte Wolfgang Sawallisch am damaligen Stadttheater. Neben dem Großen Haus am Theaterplatz verfügt das Theater Aachen außerdem über eine Experimentierbühne das „Mörgens“. Dort sollen vor allem junge Menschen für das Theater begeistert werden. Dabei geht man zum Teil völlig neue Wege. Die Theaterleute inszenieren mit Schulklassen zusammen, eine Theaterpädagogin veranstaltet Workshops und bereitet

Aachen – city of theatres and museums

Spa towns have long recognised the need to offer their residents and visitors a little cultural entertainment. Theater Aachen has been staging first-class operas, operettas, musicals and plays since 1825, and raises its curtain 330 days per year. The musical events are accompanied by the "sinfonieorchester Aachen", one of Germany's oldest symphony orchestras. Alongside its theatrical productions, the orchestra stages an annual concert programme. The location for the concerts is the Europasaal hall at the Eurogress Conference Centre. In the 1930s, Herbert von Karajan obtained his first permanent conducting post in Aachen. After the Second World War, Wolfgang Sawallisch worked at the former Stadttheater. As well as performing in the main building on Theaterplatz, Theater Aachen also operates an experimental theatre called "Mörgens", which is aimed at promoting drama for young people. In many ways, its approach is very innovative; drama professionals team up with schoolchildren to direct plays, while drama teachers hold workshops and organise theatre visits for young people.

Aix-la-Chapelle va au théâtre et au musée

Dans une station climatique et thermale, il a toujours été de bon ton de proposer à ses habitants et ses hôtes des divertissements culturels. Depuis 1825, le Théâtre d'Aix-la-Chapelle donne des spectacles d'opéra, d'opérette, de comédie musicale et de théâtre. Le rideau se lève 330 jours par an. Les représentations musicales sont accompagnées par l'orchestre « sinfonieorchester Aachen » qui compte parmi les plus anciens d'Allemagne. Parallèlement à ses obligations théâtrales, l'orchestre présente chaque année un programme de concerts, donnés dans la « Europasaal » du « Eurogress » d'Aix-la-Chapelle. Dans les années 30, Herbert von Karajan a occupé son premier poste de chef d'orchestre en résidence à Aix-la-Chapelle. Après la guerre, Wolfgang Sawallisch a travaillé au théâtre municipal de l'époque. Outre la « Große Haus », sur la place du théâtre, le Théâtre d'Aix-la-Chapelle dispose d'une scène expérimentale, « Mörgens », où les représentations théâtrales s'adressent surtout aux jeunes. On y emprunte parfois des voies totalement inédites. Les artistes du théâtre mettent en scène avec des classes d'école, une éducatrice par le théâtre organise des ateliers de travail et prépare des sorties au théâtre avec des jeunes.

Indépendamment de cet établissement municipal, de nombreux autres théâtres se sont installés à Aix-la-Chapelle. Ainsi, le Theater K et le DAS DA Theater viennent enrichir la scène culturelle d'Aix-la-Chapelle avec leurs mises en scène originales. Le Grenzlandtheater, dans la

Das „sinfonieorchester Aachen“ im Eurogress.

"sinfonieorchester Aachen" at the Eurogress centre.

« sinfonieorchester Aachen » au Centre Eurogress.

„Der Blick in die Vergangenheit bietet viele Superlative. Aachen hat das zweitälteste von einer Stadt getragene Sinfonieorchester in Deutschland. Die Aachener Hofmusik war Ausgangspunkt für die europäische Musikentwicklung im letzten Jahrtausend und Aachen war Karrierestart für Pultstars wie Herbert von Karajan, Wolfgang Sawallisch und Fritz Busch. Der Blick in die Zukunft fällt mit der Hoffnung auf ein neues Konzerthaus, einer reichen Chorkultur, der zeitgenössischen Offensive im Theater, einer breiten Offszene und einem Orchester, das hervorragend ist, rosig aus, denn Musikliebe hat in dieser Stadt Tradition. "

"A look back into the past reveals many superlatives. Aachen boasts the second-oldest symphony orchestra in Germany supported and sponsored by a city authority. Aachen's 'court music' was the starting point of Europe's musical development during the last millennium. Great conductors such as Herbert von Karajan, Wolfgang Sallisch and Fritz Busch first embarked on their illustrious careers in Aachen. A look to the future would appear to be equally encouraging. There is the prospect of a new concert house, rich and varied choir music, fascinating contemporary approaches to theatre, a broad off-scene and an outstanding orchestra – in keeping with Aachen's love of music, which spans many centuries."

« Le coup d'œil sur le passé offre de nombreux superlatifs. Aix-la-Chapelle possède un orchestre symphonique qui occupe la deuxième place dans la chronologie des orchestres municipaux. La musique de cour d'Aix-la-Chapelle fut le point de départ du développement musical européen au cours du dernier millénaire et c'est à Aix-la-Chapelle que des chefs d'orchestre aussi célèbres que Herbert von Karajan, Wolfgang Sawallisch et Fritz Busch ont démarré leur carrière. Le coup d' œil vers l'avenir permet quant à lui, avec l'espoir d'une nouvelle salle de concerts, avec une riche culture chorale, l'offensive contemporaine au théâtre, une vaste scène « off » et un orchestre véritablement remarquable, de voir la vie en rose car l'amour de la musique s'enorgueillit dans cette ville d'une longue tradition. »

Marcus R. Bosch

Marcus R. Bosch, Generalmusikdirektor am Theater Aachen.

Marcus R. Bosch, Chief Musical Director at Aachen Theatre.

Marcus R. Bosch, Directeur musical général au théâtre d'Aix-la-Chapelle.

Theaterbesuche mit jungen Leuten vor.

Unabhängig von dieser städtischen Einrichtung haben sich auch zahlreiche andere Theater in Aachen etabliert. So bereichern das Theater K und das DAS DA Theater mit ihren originellen Inszenierungen die Aachener Kulturszene. Das Grenzlandtheater in der Elisengalerie ist ein Kammertheater mit nur knapp 200 Plätzen. Neben Boulevard-Komödien stehen auch sehr ernste Stücke auf dem Programm, wagt man sich trotz des wenigen Platzes sogar an Musicals. Dieses Theater spielt auch außerhalb der Stadt Aachen in den Städten der Aachener Städteregion.

Natürlich kommt die Pflege der heimischen Mundart, des Öcher Platt, nicht zu kurz. Die Puppenbühne „Öcher Schängchen" sowie einige

Many independent theatres have sprung up in Aachen, enterprises like Theater K and DAS DA Theater enriching the cultural scene with their original productions. Located in the Elisengalerie shopping mall, the Grenzlandtheater is a small studio theatre with around 200 seats. Its varied programme ranges from boulevard comedies to serious plays, and from time to time even musicals, despite the limited space. This theatre also stages productions outside the city of Aachen in the outlying towns.

It's hardly surprising that the local dialect, Öcher Platt, has carved out a niche of its own. The "Öcher Schängche" puppet theatre constantly plays to sell-out audiences, as do other local theatre initiatives.

Finally, there are guest appearances by national and international artists at the

Elisengalerie, est un petit théâtre qui ne compte que 200 places. Outre des comédies de boulevard, son programme comporte aussi des pièces très sérieuses, osant même des comédies musicales malgré le peu d'espace disponible. Ce théâtre donne aussi des représentations en dehors d'Aix-la-Chapelle, dans les villes voisines du district.

Naturellement, le dialecte local, le Öcher Platt, n'est pas de reste. Le théâtre de marionnettes « Öcher Schängchen » ainsi que certains théâtres régionalistes jouent devant des salles toujours pleines.

L'offre culturelle est complétée par des spectacles d'artistes allemands et étrangers donnés à l'Eurogress, dont les capacités sont en général limitées en raison des nombreux congrès qui s'y tiennent. C'est pourquoi des citoyens d'Aix-la-Chapelle se sont regroupés pour faire construire ces prochaines années une salle de concert financée par des fonds privés, la « Haus für Musik ».

C'est sur les places centrales de la vieille ville et sur la place du Katschhof, située entre la cathédrale et l'Hôtel de

Heimattheater spielen vor stets ausverkauften Sälen.

Abgerundet wird das Angebot durch Gastspiele in- und ausländischer Künstler im Eurogress, dessen Kapazitäten wegen zahlreicher Kongresse meist begrenzt sind.

Auf den zentralen Altstadtplätzen und dem zwischen Dom und Rathaus gelegenen Katschhof findet jedes Jahr das SeptemberSpecial statt. Im kulturellen Jahresprogramm werden alte Burgen und Ruinen zu besonderen Orten von Kultur- und Leselust.

Einen ganz außergewöhnlichen Veranstaltungssaal besitzt die Stadt Aachen im Ludwig-Forum für internationale Kunst. Dieses Haus ist nicht ausschließlich als Museum, sondern als multimediales Kulturzentrum konzipiert. Während man tagsüber durch ein lichtdurchflutetes Museum für moderne Kunst flaniert, verwandelt es sich abends in ein Zentrum für modernen Tanz, experimentelle Musik oder Raum für Diskussionen. Es war ein Wagnis, die 1988 erworbene ehemalige Schirmfabrik Brauer, zu ihrer Zeit die größte Europas, in ein Forum für moderne Kunst zu verwandeln. Professor Fritz Eller stand als Architekt vor der Herausforderung, aus einer Fabrik im Bauhausstil ein modernes Museumsgebäude und einen Veranstaltungsraum für mehrere hundert Zuschauer zu gestalten.

Im 1991 eröffneten Ludwig-Forum befinden sich Werke aus der Sammlung Ludwig, die in Jahrzehnten von Professor Peter Ludwig und seiner Frau Professor Irene Ludwig

Eurogress, whose capacity tends to be limited owing to the many conferences held there. That's why a group of Aachen citizens have got together with the aim of building a privately financed concert hall within the next few years, the Haus für Musik.

Every year, the SeptemberSpecial takes place in the central squares of the Altstadt located between the cathedral and town hall. For literature lovers, the annual cultural programme offers special events in historical ruins and castles.

In the Ludwig Forum for International Art, Aachen boasts an exceptional venue that functions both as a museum and as a multimedia cultural centre. By day a contemporary art museum flooded with natural light, at night the building is transformed into a venue for performing arts like modern dance and experimental music, or for lively debates. It was something of a gamble to convert the former Brauer umbrella factory, the biggest in Europe at the time, into a forum for modern art in 1988. The architect, Professor Fritz Eller, was tasked with converting a factory designed in the Bauhaus style into a contemporary museum and event venue capable of accommodating several hundred spectators.

Das Grenzlandtheater in der Elisengalerie.

Grenzlandtheater in Elisengalerie.

Le Grenzlandtheater, dans l'Elisengalerie.

Ville, que se déroule chaque année le « SeptemberSpecial ». Dans le cadre de ce programme culturel annuel, d'anciens châteaux forts et des ruines deviennent des lieux extraordinaires de culture et de lecture.

La ville d'Aix-la-Chapelle possède une salle de manifestations exceptionnelle au Forum Ludwig pour l'Art international. Cet établissement n'est pas juste conçu comme un musée, mais comme un centre culturel multimédia. Le jour, on flâne à travers un musée d'art moderne baigné de lumière, qui le soir se métamorphose en un centre de danse moderne, de musique expérimentale ou en un espace de discussion. C'était un challenge de transformer en un forum d'art moderne l'ancienne fabrique de parapluies Brauer, la plus grande d'Europe à son époque, qui avait été achetée en 1988. Le Professeur Fritz Eller est l'architecte qui a relevé le défi d'aménager dans une fabrique de style Bauhaus un musée moderne et un espace de spectacle pour plusieurs centaines de spectateurs.

Le Forum Ludwig, qui a ouvert ses portes en 1991, abrite des œuvres issues de la collection Ludwig, réunies au fil des ans par le Professeur Peter Ludwig et son épouse Professeur Irene Ludwig. Avec beaucoup de talent, ils ont su rassembler l'une des plus grandes collections d'art contemporain au monde. On trouve des pièces de cette collection non seulement dans les musées d'Aix-la-Chapelle, mais aussi dans les musées de Cologne, Vienne, Saint-Pétersbourg, Pékin et New York, qui présentent des prêts et des donations provenant le la collection Ludwig. On trouve parmi ces œuvres des vétérans du pop-art comme Andy Warhol, Keith Haring ou Duane Henson, mais aussi des artistes d'Europe de l'Est. Le Forum Ludwig accueille régulièrement des expositions en échange, notamment d'artistes d'Aix-la-Chapelle.

Le musée Suermondt-Ludwig vient compléter avec beaucoup de charme ce projet de musée original. La Villa Casalette, un palais du 19ième siècle, abrite une magnifique collection d'art médiéval de la Rhénanie et du pays

So lebten Aachener Bürger vor 200 Jahren: die Küche aus dem Couven-Museum.
Oben rechts: Das Zeitungsmuseum im Großen Haus in der Pontstraße.
Unten: Hier tanzen die Puppen in Öcher Platt: Das Ensemble des Schängchen Stockpuppentheaters vor einer Alt-Aachener Kulisse.

The life of bourgeois Aacheners 200 hundred years ago – kitchen at the Couven Museum. Top right: The newspaper museum at the Großes Haus centre in Pontstraße. Below: Puppet show in Öcher Platt (Aachen dialect) – the cast of the Schängchen Stockpuppen Theater in front of a backdrop depicting the old city of Aachen.

Ainsi vivaient les citoyens d'Aix-la-Chapelle il y a 200 ans : la cuisine, au musée Couven. En haut à droite : Le musée du journal dans la Großes Haus, sur la rue Pontstraße.
En bas : c'est là que dansent les poupées en « Öcher Platt », le dialecte d'Aix-la-Chapelle : l'ensemble du théâtre de marionnettes « Schängchen Stockpuppentheater » devant des coulisses représentant une vue ancienne d'Aix-la-Chapelle.

Impressionen und Innenansichten Aachener Kirchen: Nacht der offenen Kirchen in St. Foillan, Konzert in Hagios Dimitrios (St. Michael) und die Theresienkirche, ausgestaltet von Johann Josef Couven.

Impressions and interior of Aachen churches. Night of The Open Churches at St. Foillan, concert at Hagios Dimitrios (St. Michael) and the church of St. Therese, following designs by Johann Josef Couven.

Impressions et vues intérieures des églises d'Aix-la-Chapelle : nuit des églises ouvertes à St. Foillan, concert à Hagios Dimitrios (St. Michel) et église Ste Thérèse, décorée par Johann Josef Couven.

Kunstschätze von unermesslichem Wert in der Domschatzkammer: hier das Armreliquiar (1481) mit einem Armknochen von Karl dem Großen und das Lotharkreuz, ein Vortragekreuz für Prozessionen (um 1000).

Art treasures of immense value in the Cathedral treasury – a reliquary containing a bone from the arm of Charlemage (1481) and the Lothair Cross, used at processions (around 1000).

Le trésor de la cathédrale compte des joyaux artistiques d'une valeur inestimable : ici, le reliquaire qui contient un os du bras de Charlemagne (1481) et la Croix de Lothaire, destinée aux processions (vers 1000).

Der Proserpinasarkopharg (um 200), in diesem Sarkopharg fand Karl der Große nach seinem Tod, am 28. Januar 814 in Aachen, bis zu seiner Heiligsprechung 1165 seine letzte Ruhe.

Upon his death on January 28, 814, the Proserpine sarcophagus (around 200) was the resting place of Charlemagne in Aachen, until his canonisation in 1165.

Le sarcophage de Proserpine (vers 200), où Charlemagne a reposé après sa mort, le 28 janvier 814 à Aix-la-Chapelle, jusqu'à sa canonisation, en 1165.

Zwischen Alemannia und Reitturnier

Sport als Freizeitaktivität ist bei den rund 250.000 Aachenern äußerst beliebt. Ob man nun als Fan in Schwarz-Gelb gekleidet auf den Aachener Tivoli zieht, um die Alemannia anzufeuern, in einem der 230 Sportvereine trainiert oder an einer der beliebten Laufveranstaltungen rund um die Altstadt oder den Lousberg teilnimmt, die Aachener halten sich fit.

Treffpunkt der Alemannia-Fans ist der Tivoli in der Aachener Soers, der sich am Wochenende fast immer in einen Hexenkessel verwandelt. Seit 2009 das neue Stadion an der Krefelder Straße eröffnet wurde, können 32.000 Fans den Schwarz-Gelben die Daumen drücken.

Weltmeisterlich werden die Aachener, wenn es um den Reitsport geht, denn der CHIO, das Weltfest des Pferdesports, lädt alljährlich, meist Ende Juni/Anfang Juli, die besten Reiterinnen und Reiter der Welt zum schönsten und größten Freilandturnier der Welt ein. Auch hier ist die Soers Gastgeber, dort hat der Aachen-Laurensberger Rennverein, der 1898 gegründet wurde, seinen Turnierplatz. Über 45.000 Besucher fasst allein das Springstadion. So viele Reitsportfans sind in jedem Jahr dabei, wenn dort

Equestrians & Co.

Sport is an extremely popular pastime for the people of Aachen. Indeed, the population of around 250,000 likes to keep fit in one way or another. Dressed in their traditional black and yellow, the football fans among them flock to Aachener Tivoli to spur on Alemannia. Others pursue their passion for sport in one of the 230 clubs scattered around the city or take part in mini-marathon events held in the historical city centre or near Lousberg.
The stamping ground of Alemannia fans is Tivoli stadium, a place where emotions run high at the weekends. The new stadium was opened on Krefelder Strasse in 2009, and since then 32,000 fans have been able to support their club in style.

In terms of sporting prowess, Aachen is renowned for its equestrian events. Each year, usually at the end of June, beginning of July, CHIO Aachen – the World Equestrian Festival – brings together the best horses and riders to participate in the world's largest and most beautiful outdoor tournament. The region of Soers plays host. It is here that Aachen-Laurensberger Rennverein, founded in 1898, has its tournament facilities. The showjumping stadium alone has a capacity of approx. 45,000. And it is filled to the brim when horse-riding enthusiasts from around the world visit

Entre le football et les concours hippiques

Le sport comme activité de loisirs est extrêmement prisé parmi les quelque 250.000 habitants d'Aix-la-Chapelle. Qu'il aillent acclamer l'équipe noir et jaune d'Alemannia au Tivoli, qu'ils s'entraînent dans l'un des 230 clubs de sport de la ville ou qu'ils participent à l'une des populaires courses à pied organisées autour de la vieille-ville ou du Lousberg, les locaux gardent la forme.

Le point de rencontre des supporters de l'Alemannia est le stade Tivoli, qui se transforme presque chaque week-end en un chaudron tumultueux. Depuis que le nouveau stade a été inauguré en 2009 sur la Krefelder Strasse, 32.000 fans peuvent venir y soutenir le club des noirs et jaunes (Schwarz-Gelb).

Les habitants d'Aix-la-Chapelle s'élèvent au rang de champions du monde lorsqu'il s'agit d'équitation ; en effet, le CHIO, le Festival équestre mondial, invite chaque année (généralement fin juin/début juillet) les meilleurs cavalières et cavaliers du monde pour participer au concours hippique en plein air qui est le plus grand et le plus beau du monde. Le club hippique Laurensberger, fondé en 1898, est également situé à Soers. Son stade de jumping à lui seul peut accueillir environ 45.000 visiteurs ; il se remplit chaque année d'amateurs de sports équestres lors du « Grand Prix d'Aix-la-Chapelle ». Les spectateurs y ont souvent connu des surprises, parfois des larmes, mais toujours beaucoup de passion – ces dernières années, ils étaient presque 350.000 sur toute la semaine du concours hippique. Le CHIO d'Aix-la-Chapelle (Concours Hippique International Officiel) est un concours qui comprend depuis 2007 cinq épreuves. Les épreuves de saut voient concourir l'élite mondiale dans le stade hippique tandis que les épreuves de dressage ont lieu dans le stade de dressage voisin. La voltige et le concours complet sont venus s'ajouter au programme et ils sont déjà devenus des pôles d'attraction pour le public. Les

Fußball und Pferde prägen Aachens Sport.
Aachen's sport is dominated by football and horses.
Le football et les chevaux créent le sport d'Aix-la-Chapelle.

„Als Aachenerin ist es für mich immer wieder eine besondere Herausforderung und eine große Freude, beim CHIO starten zu dürfen. Viele Jahre hat sich meine Familie für den Aachen-Laurensberger Rennverein engagiert, und so fühle ich mich natürlich hier zu Hause. Das neue, moderne Dressurstadion ist wunderschön und das Aachener Publikum fachkundig und begeisterungsfähig. Ich hoffe, noch viele Male in dieser tollen Atmosphäre starten zu dürfen, und es ist für mich eine Ehre, hier schon mehrmals den Publikumspreis als beliebteste Dressurreiterin gewonnen zu haben. Das spornt mich natürlich ganz besonders an."

"As a resident Aachener, participating in CHIO is always a challenge and a tremendous honour. For many years now, my family have been making a committed contribution to Aachen-Laurensberger Rennverein, and therefore this venue has become a home from home for me. The new state-of-the-art dressage stadium is truly magnificent, and the spectators are both knowledgeable and passionate. I hope that I will have the chance to experience this unique atmosphere for several years to come, and of course I am truly privileged to have received the spectators' award for 'most popular dressage rider' on several occasions – an incentive for the future."

« Originaire d'Aix-la-Chapelle, pouvoir concourir lors du CHIO est toujours pour moi un défi particulier ainsi qu'une grande joie. Ma famille s'engage depuis de nombreuses années au sein du club hippique Laurensberger, et je me sens donc naturellement chez moi ici. Le nouveau stade de dressage, moderne, est superbe et le public d'Aix-la-Chapelle est connaisseur et enthousiaste. J'espère pouvoir participer encore de nombreuses fois et profiter de cette formidable atmosphère ; c'est pour moi un honneur d'avoir déjà remporté plusieurs fois le prix du public remis à la dresseuse la plus appréciée. Cela m'encourage bien sûr tout particulièrement. »

Nadine Capellmann

Nadine Capellmann, Dressur-Weltmeisterin und Olympiasiegerin.

Nadine Capellmann, World and Olympic Champion in Dressage.

Nadine Capellmann Championne du monde et championne olympique de dressage.

sonntags der „Große Preis von Aachen" ausgetragen wird. Oft gab es schon Überraschungen, manchmal Tränen, für die Zuschauer – es sind in den letzten Jahren etwa 350.000 während der gesamten Reitturnierwoche – jedoch immer hoch spannenden Sport. Der Aachener CHIO (Concours Hippique International Officiel) ist seit 2007 ein Fünf-Sparten-Turnier. Neben den Springprüfungen im Reitstadion finden Dressurprüfungen der Weltelite im benachbarten Dressurstadion statt. Voltigieren und die Vielseitigkeit sind neu ins Programm aufgenommen worden und bereits Publikums-magneten. Die Vierspänner-prüfungen erfreuen sich ganz besonderer Beliebtheit bei den

the famous "Grand Prix of Aachen", which is traditionally held on a Sunday. Passion, tears and excitement – for the 350,000 or so visitors the one-week event is a roller coaster of emotions. Since 2007, CHIO Aachen (Concours Hippique International Officiel) combines five separate events. Alongside the showjumping tournament with its own venue, there is the world-class dressage event staged in a neighbouring stadium. Vaulting and eventing have recently been included in the programme and have already proved great crowd pullers. Aachen lovers of equestrian sports particularly appreciate the four-in-hand trials. Thousands of spectators pack up their children, fill their picnic baskets and join the crowds

épreuves d'attelage en team sont particulièrement appréciées des amateurs de sport équestre d'Aix-la-Chapelle. Des milliers de spectateurs se rendent en pèlerinage, avec armes et bagages et des corbeilles de pique-nique, sur les prairies en arrière du stade. C'est là que les meneurs doivent conduire leurs voitures attelées à quatre chevaux à travers des obstacles perfides et sur un parcours spécialement conçu à cet effet. Outre le CHIO, Aix-la-Chapelle accueille parfois d'autres grandes manifestations équestres. Ainsi, elle a déjà reçu plusieurs fois les championnats du monde et d'Europe. En 2006, les Jeux équestres mondiaux (FEI World Equestrian Games) ont eu lieu à Aix-la-Chapelle.

Par ailleurs, les habitants d'Aix-la-Chapelle comptent aussi parmi les meilleurs mondiaux et européens en dans sportive. La formation latine du club de danse sportive d'Aix-la-Chapelle (TSZ) concourt en première division nationale et a gagné de nombreux championnats nationaux et internationaux sous le nom de « TSC Schwarz-Gelb ». De plus, les meilleurs plongeurs artistiques et

Aachener Pferdefreunden. Tausende Zuschauer pilgern mit Kindern, Kegeln und Picknickkörben auf die Wiesen hinter dem Stadion. Dort müssen die Fahrer ihre Vierspänner durch tückische Naturhindernisse und einen künstlich angelegten Parcours führen. Manchmal gibt es in Aachen neben dem CHIO zusätzlich reiterliche Großveranstaltungen. So wurden hier schon mehrfach Welt- und Europameisterschaften ausgetragen. Zuletzt fanden die Weltreiterspiele 2006, die FEI World Equestrien Games, in Aachen statt.

Welt- und europameisterlich können die Aachener außerdem tanzen. Die Lateinformation des Tanzsport-zentrums Aachen (TSZ) tanzt in der Bundesliga und hat unter dem Namen TSC Schwarz-Gelb viele internationale und nationale Meisterschaften gewonnen. Außerdem trainieren die besten Kunst- und Turmspringer Deutschlands in Aachen. Einer von ihnen ist der olympische Silber-medaillengewinner Sascha Klein, der aus Aachens Nachbarstadt Alsdorf stammt. Ursula Klinger, die verstorbene ehemalige Bundestrainerin, hat hier eine echte Olympiaschmiede für diese Sportart aufgebaut.

Mit dem Kurhaus-Lambertz-Team ist Aachen außerdem erfolgreich in der Tennis-Bundesliga vertreten. Die deutschen Leichtathleten haben mit Sebastian Bayer, dem Halleneuropameister im Weitsprung, einen waschechten Aachener in ihren Reihen.

on the lawns behind the stadium, the terrain where the drivers have to guide their four-in-hand teams through a specially designed course which is full of treacherous obstacles. In addition to CHIO, Aachen also plays host to other important riding events. In fact, it has already been the venue for several world and European championships. The FEI World Equestrian Games were last held in Aachen in 2006.

Aacheners, it seems, are equally accomplished at dancing. The Latin Formation Team of Tanzsportzentrum Aachen (TSZ) is currently dancing in the German first division. Formerly a part of the TSC Schwarz-Gelb club, it has won numerous championships, both domestic and international. Germany's most accomplished springboard and platform divers also train in Aachen. The Olympic silver medalist, Sascha Klein, who originally comes from Aachen's neighbouring town of Alsdorf, is part of the team. Under the management of the deceased national coach, Ursula Klinger, the club has evolved into a hothouse for stars of this Olympic event.

The successful Kurhaus-Lambertz team represents Aachen in the national tennis league. Germany's track-and-field athletes proudly boast Sebastian Bayer, European indoor long jump champion – born and bred in Aachen.

plongeurs de haut-vol allemands s'entraînent à Aix-la-Chapelle. L'un d'entre eux, Sascha Klein, gagnant de la médaille d'argent aux Jeux Olympiques, est originaire d'Alsdorf, une ville voisine d'Aix-la-Chapelle. Ursula Klinger, l'ancienne entraineuse fédérale décédée a mis en place ici un véritable creuset olympique pour ce type de sport.

Avec l'équipe du Kurhaus-Lambertz-Team Aix-la-Chapelle est en outre représentée avec succès dans la 1ière division (Bundesliga) en tennis. En athlétisme, les sportifs allemands ont eux aussi un véritable « Aixois » parmi eux avec Sebastian Bayer, champion d'Europe en salle de saut en longueur.

Oben: Spannung pur im Springstadion des ALRV in der Aachener Soers. Hier wird unter Flutlicht der Preis der Nationen ausgetragen.

Rechts: Winke-Winke zum Abschied der Nationen.

Unten: Vierspännerhindernis im Freigelände.

Above: Exitement and anticipation: the Soers show-jumping stadium of the ALRV presents the flood-lit “GrandPrix of Aachen”.

Right: “Farewell to the Nations” parade.

Below: Outdoor obstacle at the four-in-hand trials.

En haut : Suspense à l’état pur au stade de jumping du club ALRV dans le quartier de Soers à Aix-la-Chapelle. C’est ici qu’a lieu la Coupe des Nations en nocturne.

A droite : Les adieux des nations.

En bas : Un obstacle pour les attelages à quatre chevaux sur le parcours.

Synchronspringerinnen des SV Neptun Aachen.
Rechts: Der Zieleinlauf des Lousbergmarathon.

Synchronised diving by SV Neptun Aachen.
Right: Finish at Lousberg marathon.

Sauteuses synchrones du club SV Neptun d'Aix-la-Chapelle.
Droite: La ligne d'arrivée du marathon du Lousberg.

TSZ-Aachen, Lateinformation.

TSZ-Aachen, Latin dance formation.

Club de danse TSZ d'Aix-la-Chapelle, formation latine.

Die Fans von Alemannia Aachen, Stimmung auf dem Tivoli in Schwarz-Gelb.

Fans of Alemannia Aachen – supporting "Black and Yellow" at the Tivoli.

Supporter d'Alemannia, ambiance en noir et jaune au Tivoli.

Der neue Tivoli in der Aachener Soers.

The new Tivoli at Aachener Soers.

Le nouveau Tivoli, à Aix-la-Chapelle dans le quartier de Soers.

Gemütliches Flair fast wie im Urlaub

Kneipen, Restaurants, Cafés: Das Flair der Altstadt prägt die Gastronomie. Wer an einem schönen Tag oder einem warmen Sommerabend durch Aachen schlendert, sollte das bezaubernde mediterrane Ambiente der Altstadt genießen. Vom Ponttor bis zum Marktplatz erstreckt sich die Pontstraße mit zahlreichen Gaststätten, Kneipen, Restaurants, Salsa Bars und kleinen Musikkellern: das „Quartier Latin" der Hochschulstadt Aachen. Der Markt besticht mit seinen vielen Straßencafés. Schöne Korbstühle laden zum Verweilen ein, und im Winter findet man im urigen Postwagen immer einen Glühwein, um sich aufzuwärmen. Der Postwagen wurde schon 1902 „unter reger Teilnahme der Behörden, der Bürgerschaft und der Studenten der Technischen Hochschule" (Chronik 1927) eröffnet.

Durch die gesamte Altstadt zieht der Duft von Latte Macchiato, Pizza und

As good as a holiday

The historical part of the city of Aachen is filled to the brim with pubs, restaurants and cafés displaying a flair of bygone days. Strolling through the old lanes on a warm summer's night, the atmosphere is almost Mediterranean, with a special charm that is unique to Aachen. From Ponttor right up to Marktplatz, Aachen offers a vast array of restaurants, pubs, Salsa dancing clubs, bars and jazz clubs – the "Quartier Latin" of Aachen's pulsating student scene. The market square offers an exciting panoply of street cafés with comfortable wicker chairs – the perfect place for visitors to stop for a well-earned rest. In winter the rustic "Postwagen" always has a steaming glass of mulled wine on offer, which is just the thing when the winter chill sets in. The "Postwagen" was first opened in 1902, with the "local authorities, the people of Aachen and the students of the college of technology taking an active part" (chronicle 1927). The entire Altstadt is permeated by the alluring aroma of "Latte Macchiato", pizzas and other culinary delights,

Une atmosphère conviviale, un air de vacances

Bistrots, restaurants, cafés : l'ambiance de la vieille ville façonne le secteur de la restauration. Si l'on flâne à travers les rues d'Aix-la-Chapelle lors d'une belle journée ou d'une chaude soirée d'été, il ne faut pas manquer de savourer la merveilleuse atmosphère méditerranéenne de la vieille ville. La Pontstraße s'étend du Ponttor à la place du marché et compte de nombreux restaurants, bistrots, bars à salsa et petites caves à musique : c'est le « Quartier Latin » de la ville universitaire d'Aix-la-Chapelle. Le marché séduit par ses multiples terrasses de café. De jolies chaises en osier invitent à s'attarder ; en hiver, on trouve toujours un vin chaud pour se réchauffer dans l'authentique wagon postal, ouvert dès 1902 « avec la vive participation des autorités, des citoyens et des étudiants de l'établissement de formation d'ingénieurs » (Chronique 1927).

Toute la vieille ville est imprégnée des senteurs de latte macchiato, de pizza et autres délices que les habitants d'Aix-la-Chapelle aiment savourer assis aux terrasses. Une bonne adresse : le « Hof », une petite place triangulaire près de la cathédrale. Les locaux adorent cette place, même en hiver. Elle est tellement abritée des vents que l'on peut même parfois s'y asseoir dehors dès le mois de février.

Der Glaskubus am Holzgraben, Treffpunkt zwischen Altstadt und Einkaufszentrum. Rechts: Der Quellenhof.

Glaskubus at Holzgraben, meeting point between Altstadt and shopping centre. Right: The Quellenhof.

Glaskubus sur le Holzgraben, point de rencontre entre la vieille ville et le centre commercial. A droite: Le Quellenhof.

„Aachens ‚Sprudelnde Vielfalt' spiegelt sich in einem sehr breitgefächerten und vielseitigen Angebot an Kneipen, Cafés, Bistros und Restaurants wieder. In der Altstadt und auf den historischen Plätzen gibt es eine große Zahl von Terrassen. Wir haben – bedingt durch eine internationale Bevölkerung mit mehr als 100 verschiedenen Nationen und eine Vielzahl von Besuchern aus nah und fern – ein pulsierendes Leben. Tagungen und Kongresse, aber auch die Internationalität von Studierenden an der RWTH Aachen, die Grenznähe zu Belgien und den Niederlanden prägen nicht nur das Bild der Vielseitigkeit der Landesküchen und Spezialitätenrestaurants. Sie halten Aachen auch nach 20 Uhr lebendig. Dann verfügen wir im Bereich des Ponttors, des Marktplatzes, im Frankenberger Viertel und Burtscheid über In-Lokale mit einem hohen Kommunikationswert, wo Aachener, Studenten, Besucher und Kurgäste sich treffen. Sie sehen, in Aachen können sich alle wohlfühlen!"

"Aachen offers a wide and exciting range of pubs, cafés, bistros and restaurants. The Altstadt and the historical squares feature a vast array of outside terraces. People from more than a hundred nations live in Aachen, and the city attracts visitors from all over the world, making it a truly pulsating and dynamic place to be. Conferences and congresses, as well as the many international students attending lectures at the RWTH Aachen and the proximity to Belgium and the Netherlands, add to the city's culinary diversity, as evidenced by the number of specialist restaurants. This also keeps the city busy after the shops have closed. The Ponttor, Marktplatz, Frankenberg and Burtscheid districts boast a vast number of trendy pubs and restaurants where Aacheners, students, visitors and tourists have the opportunity to mix and mingle. One thing is certain: everyone can feel at home in Aachen!"

« La diversité pétillante d'Aix-la-Chapelle se reflète dans une offre très vaste et très variée en bars, cafés, bistrots et restaurants. Dans la vieille ville et sur les places historiques, il existe de nombreuses terrasses. Nous avons – du fait de la population internationale qui regroupe plus de 100 nations différentes et du nombre important de visiteurs venus de près et de loin – une vie trépidante. Des réunions et des congrès mais aussi l'internationalité des étudiants à l'école supérieure technique RWTH d'Aix-la-Chapelle, la proximité de la frontière avec la Belgique et les Pays-Bas apposent leur empreinte à l'image pleine de variété des cuisines nationales et des restaurants proposant des spécialités mais surtout ils contribuent à faire d'Aix-la-Chapelle, même après 20 heures, une ville vivante. Nous avons en outre autour de la porte « Ponttor » et de la place du marché, dans les quartiers « Frankenberger Viertel » et « Burtscheid » des points de rencontre à la mode d'une grande valeur communicationnelle dans lesquels les habitants d'Aix-la-Chapelle, les étudiants, les visiteurs et les curistes se retrouvent. Vous voyez, à Aix-la-Chapelle, tout le monde se sent bien ! »

Hans Holland

Hans Holland, Gastronom der alten Schule und ehemals langjähriger Vorsitzender des Hotel- und Gaststättenverbandes.

Hans Holland, restaurateur and former Chairman of the Association for the Hotel and CateringTrade for many years.

Hans Holland, restaurateur excellent et ancien Président de l'association de l'hôtellerie et de la gastronomie pendant des longues années.

Le « carré des Capucins » et sa magnifique cour intérieure de verre est devenu un point de rencontre moderne. La Elisengalerie attire les regards avec sa place en verre avec chute d'eau, et au Holzgraben, le secteur de la restauration d'est mué en point de rencontre prisé au cœur du centre commercial, autour du cube de verre.

Si l'on aime le calme, on pourra découvrir une petite oasis de verdure dans le Elisengarten. Aix-la-Chapelle est supposée posséder la plus forte densité de bistrots en Rhénanie du Nord-Westphalie ; les mauvaises langues affirment même que la plupart des étudiants en ont fait leur matière secondaire. Balivernes ! Les habitants d'Aix-la-Chapelle sont conviviaux et aiment s'asseoir aux terrasses des cafés par beau temps pour savourer la merveilleuse atmosphère de leur ville. Aix-la-Chapelle est certes une grande ville, mais elle reste tout compte fait assez petite pour rencontrer presque toujours une connaissance parmi les passants. Alors, place au papotage

weiteren Köstlichkeiten, die die Aachener gerne draußen sitzend genießen. Als guter Tipp gilt hier der „Hof", ein kleiner Dreiecksplatz in der Nähe des Domes. Die Aachener lieben diesen Platz selbst in der Winterzeit. Er ist so windstill, dass man hier manchmal sogar schon im Februar draußen sitzen kann.

Zu einem modernen Treffpunkt ist das Kapuzinerkarree mit seinem wunderschönen Innenhof geworden. Die Elisengalerie lockt mit einem gläsernen Platz mit Wasserfall, und am Holzgraben hat sich die Gastronomie rund um den Glaskubus zum beliebten Treffpunkt mitten im Einkaufszentrum gemausert.

Wer es eher ruhig liebt, entdeckt im Elisengarten eine kleine grüne Oase. Aachen soll die größte Kneipendichte Nordrhein-Westfalens haben, und böse Zungen behaupten sogar, dass die meisten Studenten hier im dritten Nebenfach „Wirtschaft" studieren. Alles üble Nachrede! Die Aachener sind gesellig, und sie lieben es, bei schönem Wetter draußen zu sitzen und die tolle Atmosphäre ihrer Stadt zu genießen. Aachen ist zwar großstädtisch, aber immerhin klein genug, um fast immer einen Bekannten unter den Passanten zu treffen. Dann wird erst einmal im typischen Aachener Sing-Sang „gemullt". Denn der echte Aachener redet nicht und würde auch nie tratschen: „Vür mulle." Am liebsten mit ein paar Öcher Prente und bei einem Tässchen Kaffee in den Alt Aachener Kaffeestuben Van den Daele, dem ältesten Aachener Kaffeehaus. Es erstreckt sich über drei Altstadthäuser, die durch viele kleine Stufen und Treppen miteinander verbunden sind. Hier begegnet der Gast dem typischen Aachener Mobiliar des 19. Jahrhunderts. Außerdem hängt an den Wänden eine umfangreiche Sammlung an Printenformen.

which the people of Aachen usually like to enjoy in alfresco style. An insider tip: the "Hof", a small triangular area near the cathedral, which is very popular with the people of Aachen, even in winter. As it is protected from the icy-cold wind, one can sometimes even sit outside during the winter months. Kapuzinerkarree with its magnificent glass courtyard has become a trendy meeting place. Elisengalerie entices visitors with its glass square and waterfall, and along Holzgraben the glass cube has become the centre of attraction for many pubs and restaurants – a meeting place in the very heart of the shopping centre.

For those in search of peace and quiet Elisengarten offers a green oasis of tranquillity. Rumour has it that Aachen boasts more pubs per square metre than any other town in North Rhine-Westphalia. Indeed, some people believe that the city's students spend more time there than at university. Of course, there isn't any concrete evidence to corroborate this. In actual fact, the majority of people living in Aachen are very sociable. They like to sit outside when the weather is fine and enjoy the atmosphere of their great city. Although Aachen is a large city, it is small enough to meet a friend or an acquaintance by chance, just in time for a little chat. The emphasis is on chat, rather than gossip. After all, the people of Aachen don't gossip, they "talk about things" – "Vür mulle", as they say of themselves. And to top things off: a cup of coffee and a few "Öcher prente" enjoyed at Alt Aachener Kaffeestuben Van den Daele, Aachen's oldest café, is sheer heaven to the people of Aachen. The café spans three old buildings, which are connected by an array of steps and stairs. Furnished in the Aachen style typical of the 19th century, it is the oldest coffee house in Aachen. The walls are decorated with a large collection of wooden moulds used for making spiced Printen cakes.

typique entre locaux. Le véritable habitant d'Aix-la-Chapelle ne discute pas et il ne lui viendrait jamais à l'idée de médire : il papote, de préférence avec quelques comparses devant une tasse de café au « Alt Aachener Kaffeestuben Van den Daele », le plus vieux café de la ville. Celui-ci occupe trois maisons de la vieille ville, qui sont reliées par de nombreux petits niveaux et escaliers. On y trouve du mobilier typique du 19ème siècle et les murs y sont ornés d'une vaste collection de moules à pain d'épices.

Plum’s Kaffee, Kuchen und Cafés, Bars und Restaurants, Aachens Gastronomie ist vielseitig.

Plum’s coffee, cakes and gateaux, cafés, bars and restaurants – Aachen’s gastronomy is very diverse.

Plum's Kaffee (établissement de torréfaction), gateaux et cafés, bars et restaurants, à Aix-la-Chapelle, la gastronomie a de multiples visages.

Der Dahmengraben, weihnachtlich dekoriert, und der Katschhof mit dem Aachener Weihnachtsmarkt.

Dahmengraben with seasonal decorations and Katschhof with Aachen Christmas market.

Le Dahmengraben et ses décorations de Noël, et le Katschhof accueillant le marché de Noël de la ville.